巴鲁克传

杨帆◎著

时代文艺出版社

图书在版编目（CIP）数据

巴鲁克传 / 杨帆著 . —长春：时代文艺出版社，2015.12（2023.7重印）
（世界商业名人传记丛书）
ISBN 978-7-5387-4842-0

Ⅰ.①巴… Ⅱ.①杨… Ⅲ.①巴鲁克，B.-传记 Ⅳ.①K837.125.34

中国版本图书馆CIP数据核字（2015）第210470号

出 品 人　陈　琛
责任编辑　余嘉莹
装帧设计　孙　利
排版制作　隋淑凤

本书著作权、版式和装帧设计受国际版权公约和中华人民共和国著作权法保护
本书所有文字、图片和示意图等专有使用权为时代文艺出版社所有
未事先获得时代文艺出版社许可
本书的任何部分不得以图表、电子、影印、缩拍、录音和其他任何手段
进行复制和转载，违者必究

巴鲁克传

杨帆 著

出版发行 / 时代文艺出版社
地址 / 长春市福祉大路5788号　龙腾国际大厦A座15层　邮编 / 130118
总编办 / 0431-81629751　发行部 / 0431-81629755
官方微博 / weibo.com / tlapress　天猫旗舰店 / sdwycbsgf.tmall.com
印刷 / 北京市一鑫印务有限公司
开本 / 710mm×1000mm　1 / 16　字数 / 156千字　印张 / 12
版次 / 2015年12月第1版　印次 / 2023年7月第3次印刷　定价 / 36.00元

图书如有印装错误　请寄回印厂调换

目录

序言　在股市大崩溃前全身而退的人 / 001

第一章　坎登少年的成长
  1．战地医生的儿子 / 002
  2．为祖先感到骄傲 / 005
  3．到纽约去 / 008
  4．适应都市生活 / 011
  5．大学时代 / 013

第二章　闯荡华尔街
  1．初见世面 / 018
  2．"回头是岸"的赌徒 / 020
  3．银行事务所 / 022
  4．初生牛犊不怕虎 / 025
  5．刻骨铭心的错误 / 028

第三章　一战成名
  1．第一次赚大钱 / 032
  2．筹备婚礼 / 034
  3．雪花一样的订单 / 038
  4．撼动烟草托拉斯 / 040

第四章　股票领域的跌宕起伏

1. 失败的"威士忌"投资 / 046
2. 东山再起 / 048
3. 卖空联合铜业股票 / 050
4. 股市里有没有预言家 / 055
5. 华尔道夫的有名人物 / 061

第五章　真正的投资商

1. 童年的梦想 / 066
2. 做独立投资人 / 070
3. 古根海姆家族代理人 / 072
4. 一个低级的错误 / 074
5. 对橡胶业的准确预测 / 076

第六章　名人的烦恼

1. 赫伯考庄园 / 080
2. 社交难题 / 082
3. 再攻铁路业 / 085
4. 害人不浅的"赌一把" / 088
5. 证明自己的清白 / 090

第七章　在美国政坛找到一席之地

1. 初入白宫 / 094
2. 战时工业委员会 / 096
3. 用人之道 / 098
4. 贡献与成绩 / 103
5. 麦克阿杜 / 105

第八章　战后登上外交舞台

1. 为国家做一点事情 / 110
2. "单人委员会" / 113
3. "节俭"和"富有"矛盾吗？/ 115

4. 为和平协定奔走 / 118

5. 巴黎发生了什么 / 121

第九章　投资史上的永恒传奇

1. 识破虚假繁荣 / 126

2. 格雷厄姆最后悔的事 / 128

3. 在股市大崩盘前跑出去 / 131

4. 对黄金的兴趣 / 135

第十章　双栖明星

1. 个人财政危机 / 140

2. 对农业的热情 / 142

3. 登上任何报纸的头条 / 144

4. 妻子与情妇 / 147

第十一章　困境里的力挽狂澜

1. 与罗斯福之间的冲突 / 152

2. 关心军备建设 / 154

3. 身份的敏感 / 156

4. 改变主意 / 159

5. 经济复兴的良药 / 162

第十二章　七十岁能做些什么

1. 原子能委员会代表 / 166

2. 同行之间的冲突 / 168

3. 反对的声音 / 171

4. 生命的尽头 / 173

附　录

巴鲁克生平 / 178

巴鲁克年表 / 180

序言

在股市大崩溃前全身而退的人

格雷厄姆这个名字，在金融界如雷贯耳，因为他是华尔街教父、"股神"巴菲特的导师、证券分析之父、价值投资的鼻祖。说起巴鲁克，则会有些人皱起眉头，想不起来在哪里听过这个名字。中国的投资者对他感到陌生，但我们崇拜的格雷厄姆却是他的崇拜者，让格雷厄姆倾家荡产的大危机，他却能全身而退，说他是投资史上的一个传奇也不为过。

生于南卡罗来纳州的巴鲁克从小就热爱冒险。初入华尔街的时候，他在纽约的一家小经纪行从周薪3美元做起，后来做了公司的合伙人，又购得纽约证券交易所的一个席位，很快成为了百万富翁。他曾经帮助当时的金融巨子托马斯·福特恩·莱恩打破杜克对烟草行业的垄断，并因此一战成名。但巴鲁克的投资之路并非一帆风顺，几度濒临破产又成功地东山再起，他一路在错误中进步，直到成为和摩根一样的华尔街大亨。

时势造英雄，在战事频繁时期，巴鲁克利用战争间隙股票市场的波动来赚取利益，做伦敦和纽约市场之间的套利。他说："投机者就是评判未来并在未来情形出现之前即采取行动的人。"的确，行动是否迅速预示着交易是否能成功。巴鲁克能迅速领会到这一投资原则，完全是因为一段令他终生难忘的经历。成名后，他便改变了投资风格，在经验的历练下变得成熟而谨慎。他用一生的投资经历总结出了十大投资原则：不投机、谨慎对待内部消息、对投资的股票事先做仔细调查、不企图抄底买入、懂得止损、不要买入过多股票、定期对投资的股票做评估、研究自己的纳税情况、永远不将所有的资金投出去、坚持在自己最熟悉的领域投资。

正当巴鲁克在股票市场上呼风唤雨之际，第一次世界大战使他有机会跨入美国政坛。从此，他在美国政坛为自己找到一席之地，并亲手开创了国家战时的管理体制。曾经与巴鲁克共事过的美国总统，包括威尔逊总统、柯立芝总统、罗斯福总统以及杜鲁门总统。其中杜鲁门总统对巴鲁克的评价是："这个人认为自己应该管理整个地球，甚至还能管理月球和土星。"

当然，成就一个伟人需要将其推上顶峰的事件，在巴鲁克的人生里，最为人们所津津乐道的，还是1929年股市大崩溃时他表现出的智慧，也正是因此，他被称为"在股市大崩溃前抛出的人"，这一举动让他成了投资界的永恒经典。

这个曾经在美国股市和政坛上叱咤风云的人物独享了"投资大师"、"独狼"、"总统顾问"、"长椅政治家"等响亮的称呼，他既是白手起家的成功典范，又是善于把握先机的股票交易商；既是手段灵活的投资商，也是通晓经济发展的政治家。他不但征服了华尔街，也征服了华盛顿，进而赢得了所有热爱投资事业的人的尊重。

第一章 坎登少年的成长

1. 战地医生的儿子

人们时常喜欢研究一些伟大人物的童年，在时间的回溯中，人生的轨迹逐渐显现，手里握着结果来寻找原因，总是更容易一些。世事无常，其实未必所有的事件都有严密的逻辑关系，环环相扣，但这个寻找的过程无疑是有趣的。一个人在未来的作为有没有可能从其童年表现揣测出来，这是个未解之谜。但毋庸置疑的是，童年对性格的塑造有着不可低估的作用。

在美国南卡罗来纳州的中北部，有一个美丽的小城叫做坎登。那里风景秀丽，很适宜居住，美国著名的诗人惠特曼就曾生活在那里。尽管坎登也发生过战役（美国独立战争时的"坎登战役"），有过流血与牺牲，但历史的画轴还是还原了它的温柔和亲切。在这里提起它，则是因为它还孕育了一位美国著名投资大师——伯纳德·巴鲁克。

年轻的西蒙·巴鲁克医生在坎登的乡间开了一家诊所，他与少女伊萨贝尔坠入爱河，不久便步入了婚姻的殿堂。他们住在一座两层木结构的房子里，房后是菜园子、马厩和谷仓，再往后是一块田地。1869年，长子哈特维格·巴鲁克带着所有亲人的祝福出生了。1870年，他们的第二个儿子伯纳德·巴鲁克出生了。

像所有男孩子的童年一样，伯纳德·巴鲁克总是很淘气，并且脾气暴躁，动不动就会生气。他的母亲总是对他的一些无伤大雅的行为给予宽容。比如有一次，他从早餐桌的对面抓过来一块鸡肉，气呼呼地塞入了嘴里，看起来很不讲礼貌，可是大人们都没有责怪他，只是一笑而过。

伯纳德·巴鲁克出生后的第二年,他的弟弟伯纳德·赫尔曼出生了,两年后,伯纳德·塞林出生。伯纳德·巴鲁克没有姐妹,只有一个哥哥,两个弟弟。兄弟四人中,还数伯纳德·巴鲁克长得最英俊。尽管小时候家里人和邻居都叫他"肉团",仍然掩盖不了他的可爱,尤其是那双会说话的蓝眼睛,让人情不自禁地喜欢他,想逗逗他。小胖墩巴鲁克也曾为自己的小雀斑苦恼过,希望一觉醒来,它们会奇迹般消失。但邻居们对他的喜爱,让他渐渐忘记了这些小烦恼。

在坎登生活的十余年时间里,巴鲁克一家人和睦地过着自己的小日子。西蒙医生的口碑很不错,每天都要接待很多病人,有时也会感到辛苦,但是也因此体会到了成就感。伊萨贝尔则要忙着种庄稼,还要照顾几个孩子。一家人吃的蔬菜、水果都是出自伊萨贝尔的勤劳之手。俗话说,家和万事兴,生活水平逐渐提高后,他们换了座大房子,还在院子里种了各种果树,并请了一位叫米纳娃的黑人保姆。在巴鲁克的记忆中,这位黑人保姆总是用柳条抽打树木,孩子们就有桑葚吃了。

由于母亲的宠爱,小时候的伯纳德·巴鲁克有些腼腆,不喜欢社交。为了改变儿子内向的性格,母亲伊萨贝尔决定让他学习演讲。对不爱说话的伯纳德·巴鲁克来说几乎每次上课都是一次痛苦的折磨。

为了改变儿子的性格,母亲开始有意识地创造机会让巴鲁克在生人面前讲话,曾经有一次,母亲催促巴鲁克在邻居的家里给大家讲点什么。对于腼腆的孩子来说,越是被催促反而越难堪。在所有人注视的目光下,他硬着头皮开了口,他朗诵了一首诗,是托马斯·坎贝尔的《霍亨椴》,但因为紧张和不情愿,他的发音很奇怪,像是在唱歌。

西蒙医生忍不住笑了起来,而且下意识地用大拇指按着鼻子接了一句："啊-嘟哆儿-哒！"小巴鲁克再也朗诵不下去了，他被父亲的举动伤害了，转身跑出了房间。他当时已经顾不上礼貌了，飞奔着跑回家里，大哭了一场。

西蒙医生的无心之举对巴鲁克的打击很大，让这个腼腆的孩子更加抬不起头来了，以至于很长一段时间无法在公共场合面对他人。他脆弱的神经总是会不断提醒自己那件事，他觉得丢人极了。看到儿子的难堪，西蒙医生意识到了事情的严重性，也觉得自己的行为欠妥，感到后悔不已。童年对性格养成是至关重要的，日后，为了让自己在众人面前的发言得体、恰当，巴鲁克做出了不少努力。

转眼间，巴鲁克已到了上学的年纪，他在威廉·沃利斯夫妇开办的学校上学，那里离他家仅有一英里远。不过，腼腆和内向不代表巴鲁克是个老实的孩子，在学校里他经常搞些恶作剧。有一次，他在一个同学的课桌里发现了一块红白相间的薄荷糖。他有些嘴馋，于是开始琢磨如何将这块糖弄到手。他与一个好朋友商量了好一阵子，而后确定了最终计划。

放学后，校园里鸦雀无声，连一个人影也见不到。两个嘴馋的孩子偷偷地折回了校园，他们使劲地将一块松动的木板顶开，然后顺利地进入了教室，拿完糖就走，来到一棵大树下，高兴地分着吃了。小孩子都难免犯一些错误，这次事件让巴鲁克感到很后悔，不知道为什么，多年以后他还常常会想起这件事，薄荷糖在记忆中是苦涩的。

在坎登这样的小地方，男孩子都很淘气，打架是很常见的事。巴鲁克并不像哥哥那样是打架高手，但也免不了时常卷入争斗之中。跟一些虚张声势的男孩子比起来，巴鲁克要稳一些，很少心浮气躁，他觉得只有静下心来才能制胜。比起跟无聊的人打架，他更喜欢打猎。父亲的病人送给他一只白色英国大驯犬，他喜欢极了，打猎时总是带着它，并为它起名"尖牙"。从坎登搬走时，他们兄弟都因为要与"尖牙"离别流下了眼泪。

坎登这个城市承载着巴鲁克全部的童年记忆，这里是他生命之路的起点。他勇敢、坦荡、诚实的性格大多形成于这个时期，这一切成为了他日后闯荡华尔街的资本，对于他以后的人生无疑是有益的。当时的人们不会想到，20年后，那个长着雀斑的小胖子会成为叱咤华尔街金融市场的金融大师，成为坎登的骄傲。

2. 为祖先感到骄傲

众所周知，犹太民族是一个盛产富翁的民族，伯纳德·巴鲁克也是其中的一分子，是一位白手起家的犹太富翁。巴鲁克自称混血儿，因为他的血液里，一半是移民的，一半是早期美国人的。的确，从父亲一方来看，他是移民的后代。而从母亲一方来看，他却是早期美国人的后代。那么，他的犹太人身份来自于哪里呢？应该可以在其母系祖先中觅得些许踪迹。

追溯巴鲁克母系的祖先，第一个到达北美海岸的是一位很有经商头脑的人，叫伊萨克·罗德里格兹·马奎斯，是一位很有名气的船主。他的祖先是西班牙裔的犹太人，也因此才有了"巴鲁克是犹太人"的说法。

公元1700年前的某一年，他来到了纽约，而后从事海运生意。人们对他的"海豚"号印象深刻，这艘船常常往返于纽约和英格兰，有时候也从非洲贩卖奴隶到新大陆。积累了一定的财产之后，他在曼哈顿附近购置了一幢豪华的房子。此后，巴鲁克也在母系祖先马奎斯曾居住的地方安家置业。

马奎斯是巴鲁克母系祖先之中第一位抵达美国的,而最早来到美国南卡罗来纳州的则是马奎斯的孙子塞缪尔·马克斯。公元1800年,塞缪尔·马克斯在此成为了一家小商店的业主。他的女儿德博拉·马克斯就是巴鲁克的曾外祖母。巴鲁克出生的时候,德博拉·马克斯已经80多岁了。在记忆中,曾外祖母衣着很考究,而且一点也不糊涂,她总是绘声绘色地给巴鲁克讲以前的故事,巴鲁克很爱听,觉得那些故事有趣极了。

德博拉的女儿名叫萨拉·科恩,嫁给了从普鲁士来的移民萨林·沃尔夫。萨林是一位年轻的商人,也是一个种植园主,家住南卡罗来纳州人烟稀少的"内地"——温斯伯勒。1845年11月,科恩与萨林结为连理,并一连生了13个孩子,其中的3个不幸夭折,而萨林夫妇的第三个孩子伊萨贝尔·沃尔夫就是巴鲁克的母亲。

巴鲁克的母亲伊萨贝尔·沃尔夫与西蒙医生相识是在美国南北战争爆发前。西蒙医生是欧洲移民,巴鲁克有时候也自称是欧洲移民的后代。1855年,为了逃避普鲁士军队的征兵,西蒙·巴鲁克孑然一身来到了坎登。举目无亲的西蒙·巴鲁克吃了不少苦头,他在坎登没有亲人和朋友,处处是难关。直到后来,他遇到梅涅斯·鲍姆。

鲍姆是西蒙的老乡,他在坎登开了一家杂货店,于是西蒙便成为店里的伙计。不仅如此,热心的鲍姆还教会西蒙一口流利的英语,并出钱资助他读医学院。毫不夸张地说,没有鲍姆这个朋友,西蒙就无法成为一位出色的外科医生。

美国内战时,西蒙医生刚刚从医学院毕业。这一次,他没有选择做逃兵,而是毅然决然加入了南部邦联军队。从未亲身经历战争的西蒙·巴鲁克作为一名新兵上了战场,战争是残酷的,它让这个涉世未深的年轻人难以承受,想必他一定见过了太多的生命陨落、亲人离散,所以将那些难以言说的苦痛深埋在内心,不愿意再提起。后来，西蒙很少提起自己当兵的经历，巴鲁克和兄弟们央求父亲，他才会极不情愿地提起一点点。

战争结束后，西蒙医生在坎登成立了自己的小家庭。他的热心肠使得他拥有很好的人缘，除了为人治病，他还喜欢鼓捣自己家里那一块三英亩的田地。他种过各种各样的农作物，简直把那里当成了自己的试验田。"西蒙医生，我敢保证，如果你把这些宝贵的时间用来给人看病，没准你已经成了本州最成功的医生！"妻子有时会这样嘲笑他，但是西蒙医生只是抬头笑笑，便接着埋头苦干了。

巴鲁克20岁时，西蒙医生第一次带着他回到欧洲探亲，这也是他生平第一次见到"传说"中的祖父、祖母。巴鲁克的祖父名为伯恩哈德·巴鲁克，气质有些接近大学教授，他的眼睛很深邃，有些让人看不透。但这种神秘很吸引巴鲁克，印象中，祖父总是一个人坐在露天花园啤酒屋里，叼着雪茄，与人谈笑风生、妙语连珠。这让巴鲁克很佩服。巴鲁克的祖母个子不高，头发从中间分开，一丝不乱地梳起来。人们都认为，她是一个勤劳、节俭的人。日常生活中，她总是显得特别理智，给人一种精明强干的印象，从不说一些不着边际的话，也不会去做不靠谱的事。

巴鲁克的祖父不会说英语，但所幸巴鲁克的德语还不错，所以祖孙二人的交流毫无障碍，巴鲁克知道的关于自己父系祖先的故事几乎都是从祖父那里听到的。据祖父讲述，姓巴鲁克的人混有波兰或俄罗斯血统，他们的祖先曾编写过《耶利米预言》一书，是古代编纂档案的人。

巴鲁克很为自己的出身感到骄傲，他喜欢自己的祖先，也喜欢那些有趣的故事。当后来他功成名就的时候，只要提及与祖先有关的话题，他就会口若悬河。

3. 到纽约去

提起巴鲁克一家离开坎登的原因，就不得不提起美国内战。这场美国历史上最大规模的战争，参战双方为北方的美利坚合众国（简称联邦）和南方的美利坚联盟国（简称邦联）。

19世纪工业革命传到美国，美国经济迅速发展，同时美国获得了西部的大片领土，急需劳动力，南方奴隶制成为经济发展的障碍。1860年主张废除奴隶制的林肯当选总统，南方奴隶主发动叛乱，南方蓄奴州纷纷独立，1861年2月组成邦联政府，戴维斯当选总统。同年4月南方邦联军先发制人攻占萨姆特要塞，内战爆发。这场战争对日后美国的民间社会产生了巨大的影响。战后，南方被美国实行"半军事管制"，但重建南方的工作困难重重，主要原因是双方在意识形态和利益上均有冲突。

内战中，南卡罗来纳成了一块混乱的土地，重建者和南方土著民冲突不断。西蒙医生虽然在战争期间是南方邦联军队士兵，但是他反对战争，也不曾拥有过奴隶。可就是这样一个人在充满暴力色彩的南方重建过程中，也产生了反叛南方重建法规的想法。而且这个秘密在一次不经意的情况下被巴鲁克和哥哥发现了。

那天，巴鲁克正和哥哥在家里玩耍，他们想找到一个地方来收藏坚果，于是在阁楼上翻箱倒柜。翻着翻着，兄弟两人找到了一个大木箱，他们对视了一眼，都觉得把坚果放在里面很靠谱。打开箱子后，两人意外地看到，里面放着父亲在南方邦联部队时穿过的衣服，在衣服的下边是一件带蒙面罩的白色长袍，袍子的胸口绣着一个深红色十字架（爵士头衔三K党党徒的装扮）。

"三K党"的名称来源于枪子击铁的声音，是美国历史上和现在的一个奉行白人至上主义的民间组织，也是美国种族主义的代表性组织，因三个字头都是K，故称"三K党"，又称"白色联盟"和"无形帝国"。

三K党的主要目标是与宪政重建作斗争。在内战结束后，南方诸州在社会和政治上经历着剧烈的变革。当地的白人将之视为对其种族优势地位的威胁，因此企图抵制这种变革。由于国会通过了实现种族平等的法令，因此南方白人的代表民主党无法通过立法来维持白人一直以来的地位。除此之外，"三K党"也希望能够控制被解放黑奴的政治和社会地位，其中主要包括限制黑人的受教育权、发展经济的权利和选举权等。

为什么在南方重建时期出现了"三K党"，而且他们的活动如此频繁？原因是在南方很多地区黑人人口要多于白人人口，这就造成了选举的比例失衡。以沙克县县城坎登为例，这个县的黑人人口超过了白人人口，人口比例达到了2比1，这一选举比例上的失衡让"三K党"认为只有一种办法来进行调整，就是必须对黑人民兵、黑人选民、北方的教师、北方联盟成员、共和党候选人及其他寻求权力平衡的联盟力量进行控制和恐怖威胁。

在今天，人们对"三K党"的评价已经很客观，他们曾经采取了不少极端的行动。可是在内战历史中，在南方人的眼里，"三K党"可谓是一群英雄。所以当巴鲁克和哥哥得知父亲是三K党党徒时，他们的心情是喜悦的。父亲的形象一下子就高大起来，成为一个英雄。

意外的是就在巴鲁克和哥哥正得意于这个重大发现时，母亲伊萨贝尔走上了阁楼。看到这一幕的伊萨贝尔又急又气，她抢下了儿子手中的衣服，并大发雷霆。因为在当时，"三K党"已经被列为非法组织，这样的事情是不容许被别人知道的。

作为特殊历史时期的经历者，巴鲁克在南方重建时期也亲历过一些流血事件。在他10岁那年的一个选举日，西蒙医生外出去给病人看病，留下妻子和4个儿子在家。突然，街上开始嘈杂起来，伊萨贝尔警觉地向外张望，丈夫不在家的时候，她总是格外紧张。看了一会儿，她发现是一群黑人在游荡，这些人喝得东倒西歪，有的去参加投票，有的去参加集会。

正当伊萨贝尔要松一口气的时候，"扑通"一声，一个黑人倒了下去，人群大叫着迅速散开。混乱的场面让人看不清楚发生了什么事，伊萨贝尔和几个孩子也连忙跑过去询问。这时候，血腥的一幕出现了，一个黑人的头被斧子劈开了，鲜血直流，十分可怕。善良的伊萨贝尔回去端了一盆水，给那个黑人清洗伤口。但是因为伤势太重，已经回天乏术。

为了给孩子们提供一个更加和平的环境，伊萨贝尔想到了搬家。开始的时候，西蒙医生并不愿意，因为他对坎登很有感情，不愿就此离开。直到他的朋友沙农上校在决斗时丧命，才让西蒙医生对坎登不再留恋。导致西蒙医生决定搬家的"决斗事件"的双方是卡什家族成员和沙农上校。

1880年，在一次纵酒狂欢中，暴戾的卡什家族成员引发了纠纷。为了避开法庭的不利判决，此人把一部分财产转移到其姐姐的名下。作为受害者的律师，威廉·沙农上校以欺诈罪对卡什家族成员提起诉讼，这自然使得卡什一家很不满。他们开始对沙农上校进行长达一年的公开侮辱和欺凌，最后沙农上校终于忍无可忍地提出了决斗。

沙农上校是西蒙医生的好朋友，因为害怕朋友做出冲动的举动，西蒙医生一直试图劝阻他。他甚至主动联系地方治安官，试图阻止决斗的发生。但是直到决斗开始时，这位治安官也不见踪影，想必是不愿多事。直到悲剧发生，沙农上校最终倒在血泊中，他才赶来，可是已经无法挽回了。

朋友的离世让西蒙医生很心寒，他不再留恋坎登这座小城，宁愿去重新寻找一个落脚处，开始新的人生。1880年冬天，西蒙医生卖掉了诊所、房子，还有他最喜欢的"试验田"，一家人离开了坎登，坐上了开往纽约的轮船。

4.适应都市生活

十余年的情感不是一朝一夕就能够割舍的，坐在开往纽约的轮船上，巴鲁克一家的心头涌起了对往夕一切美好的回忆。他们的心情复杂而矛盾，一方面怀揣着对新城市的向往，另一方面也饱含着对旧日生活的不舍，还夹杂着对未来的一丝不安。

纽约是个什么样的城市？这个问题在全世界似乎都不再需要解答。如果非要下一个定义，那么可以说，它是世界上最重要的商业和金融中心，它直接影响着全球的媒体、政治、教育、娱乐以及时尚界，更被视为都市文明的代表。在20世纪初，对于外来移民来说，纽约是个神秘又梦幻的城市，那里有最美丽的女子，最豪华的饭店，还有最多的发展机会。

离开坎登的时候，巴鲁克只有10岁。可以想像，一个10岁的男孩子，刚刚走出乡村，踏入大都市，受到的诱惑和冲击都是很大的。忽然之间，"纽约"从一个概念变成眼前的现实，这让他一时之间难以适应。大城市的一切对他而言都是陌生的，为什么水会从龙头里自己流出来？为什么人们任何时候都穿着鞋子（在坎登只有天气不好和安息日时才穿）？为什么蒸汽机车会在头顶的高架桥上呼啸而过？街上的女人们为什么总是打扮得那么精致，而且脸上都披着纱巾？这里的一切都让巴鲁克感到新奇，也让他感到了前所未有的兴奋。

机会与挑战从来都是孪生兄弟，适应和成长也是每一个移民者所必须要经历的过程。多年后，这个男孩告别了无措，并作为一个成功者征服了这里，人们认为他是很酷的冒险家，没有人认为他是外来者，纽约也被他的魄力所折服。

巴鲁克一家人很快找到了落脚的地方，他们在曼哈顿边缘地区的57号街西144号公寓租下了两间房子，这里北方人居多。新的房子很狭小，并不如在坎登的日子舒服。另外，北方寒冷的冬天也让一家人难以适应。他们开始想念坎登，想念那里的大房子，想念那里温暖的气候。

渐渐地，巴鲁克一家融入了纽约这座城市，包括气候，包括条件，包括生活节奏。比起坎登的落后闭塞，纽约城里有太多新奇的事物，巴鲁克渐渐喜欢上了这里，觉得这座城市有很多宝藏等着挖掘。59号街附近有许多空场子，这里成了巴鲁克和他的几个兄弟的乐园，同时也是他们和其他孩子互相打斗的"战场"。

在坎登时，巴鲁克从来没有因为自己的犹太人身份遭到歧视，但是在纽约他感到了人们对犹太民族不公平的对待。一次，他和哥哥哈迪在铁匠铺附近玩耍，一群男孩子前来挑衅。在他们口中，巴鲁克第一次听到了"sheenie"这个词。后来他们才知道，这个词是用来辱骂犹太人的。哥俩决定用拳头教训这些辱骂自己的人，当然这其中的主力还是哈迪。他击败了辱骂他们的人，从此"sheenie"这个词他们再也未曾听过。

为了让孩子们能够在未来更好地融入纽约，伊萨贝尔很重视儿子们的教育问题，尤其是对巴鲁克，寄予了厚望。西蒙夫妇在纽约扎根后的第一件事就是把孩子们送进学校。巴鲁克转入了公立69中学，在这所学校里，巴鲁克认识了一个名叫克莱伦斯·豪斯曼的小男孩。克莱伦斯长得胖乎乎的，但是非常热心，主动承担起接送巴鲁克上学放学的任务，他们也迅速成为了形影不离的好朋友。多年后，在命运的安排下，这个胖乎乎的小男孩克莱伦斯·豪斯曼竟然巧合地成为了巴鲁克在华尔街的合伙人之一。

5. 大学时代

比起艺术和体育运动等领域，金融领域的涉足需要机缘，它不是可以临时起意的一项爱好。伯纳德·巴鲁克是如何对投资产生了兴趣呢？这还要从他的大学时代说起。

当时，纽约市还没有公立高中，如果想上大学，只要符合标准就可以从文法学校毕业后直接升入。14岁那年，巴鲁克从公立69中学毕业，他个人非常想去耶鲁大学，但是母亲很舍不得他，不希望儿子远离自己，孝顺的巴鲁克只好不情愿地读了当时并没有什么名气的纽约市立大学。这所市政英才教育学校，当时没有娱乐操场，没有学生宿舍，也没有学生会。它坐落在23大街与列克星敦大道交界的地方（现在纽约市立大学伯纳德·M·巴鲁克分校所在地），离巴鲁克的家非常远。为了在这里上学，巴鲁克每天不得不往返40多个街区。

尽管这所学校不是巴鲁克的最初梦想，上学的路程也很远，但总体来说，大学生活还是愉快而充实的。最值得一提的是，在大学里，他接触到了经济学，为他以后从事投资事业奠定了基础。巴鲁克在经济领域的启蒙者是乔治·纽科姆教授，他教授政治经济学。这虽然是巴鲁克第一次接触与金融经济相关的知识，但他感到十分有趣。巴鲁克多年后还清晰地记得，乔治·纽科姆总是戴着金边眼镜，说话音量不大，但是很有穿透力。很多同学认为这门功课很无聊，逃课出去玩，但巴鲁克听得津津有味，总是恨下课铃声响起得太早。

纽科姆教授对巴鲁克的影响究竟有多大，从后来他坚决反对凯科斯观点这件事上就可以略知一二。巴鲁克亲口说过："我后来取得的成功，在很大程度上可以归因于我从纽科姆教授那儿学到的东西。纽科姆教授要是还活着，绝不会赞成当今流行的一些经济理论。他坚持向我们灌输供求法则，教我们信赖这一法则。正是在他的课堂上，我第一次听到这样的话：'当价格上升时，会出现两个过程——产量增加、消费下降。结果，价格会逐渐回落。如果价格降得太低，又有两个过程产生——人们不愿意继续亏本生产，从而导致产量减少；另一过程便是消费增加。二者的合力往往会建立起正常的供求平衡。'"

巴鲁克在大学期间不是一个很有异性缘的人，他当时过于瘦弱，像个容易被风刮走的纸片人，也因此被取了不少外号，比如"豆芽"，比如"竹竿"。弱不禁风对男孩子来说不是一件好事情，女生都觉得他病怏怏的，没有能够依靠的安全感。巴鲁克很苦恼，于是决定锻炼身体，改变这种不利局面。

说到做到，巴鲁克成了42大街一家健身房的常客，闲暇时候，还会在卧室里的双杠上做额外的锻炼。功夫不负有心人，几年下来，巴鲁克已经是个运动健将了。他是学院曲棍网兜球队的队员，也是拔河队的队员。可惜的是，在一次棒球比赛中，他的头部受了轻伤，后来左耳几乎听不见了。

小时候的巴鲁克是沉默而腼腆的，帮助其性格变得开朗的应该是歌舞杂耍表演。只要有空余时间，巴鲁克就会去戏院看表演，各种类型的娱乐活动调动了巴鲁克的热情。只是每逢聚会或是大型集会，他还是会退缩，找各种理由推托，最常用的理由是"没有礼服"。有一次,他接到了迪克·莱登的邀请,去参加一场社交派对,这次他没能躲过去。

伊萨贝尔知道儿子又会拿出"没有礼服"的借口来逃避社交活动,于是主动为巴鲁克找出了西蒙医生的一件礼服,说:"你可以穿着父亲的礼服去。"父亲的礼服并不合身,伊萨贝尔拿来几枚安全别针,用其他布料接了一段。巴鲁克本就不情愿,当他看到镜子里的自己时,觉得窘极了。"你是世界上最英俊的小伙子。"母亲温暖的话鼓励了他,让他鼓起了勇气。

一路上,巴鲁克紧张得要命,几度想要放弃,返回家里算了。但他又害怕看到母亲失望的脸,于是咬着牙来到了派对现场。在仆人的指引下,他战战兢兢地走上二楼,看到了座位连忙坐下来,他觉得那礼服太丢人了,也怕安全别针会不小心滑下来。

莱登的妹妹贝茜是个热情的姑娘,她看出了巴鲁克的不自在,于是抓住他的手,将他拉到了人群里,介绍每个人给他认识。开始时,巴鲁克还有心思考虑别针的问题,但渐渐地,他融入到了人群里,大声欢笑,快乐跳舞,顾不上其他东西了。

这次经历,让巴鲁克忽然间发现,当自己卸下心防的时候,一切都变得轻松而自然,并没有人笑话他的穿着,他也比以往开心了许多。至此,他完全对公众场合没了负担,并逐渐在这种场合中怡然自得起来。这种性格上的变化,也为巴鲁克日后成为一名公众人物打下了坚实的基础。

第二章 闯荡华尔街

1. 初见世面

19世纪后期，颅相学曾经一度风靡美国，也就是通过观察头颅骨的隆脊形状来推测被观察者的天资。尽管在今天看来这种做法很不科学，但当时很多人趋之若鹜，其中也包括伊萨贝尔。

伊萨贝尔总是觉得自己的二儿子天资很高，将来必定会有一番作为，于是带着巴鲁克去拜访了一位当地非常有名的颅相家，并满怀期待地询问颅相家："巴鲁克能否成为一名优秀的医生？"颅相家笑了笑，对伊萨贝尔说："您的设想是完全可以达到的，并且我认为那太屈才了，他应该在更高的平台上发展，比如金融或政治领域。"颅相家一语说中了巴鲁克的未来之路，为他的生平故事添上了一抹神秘的色彩。

1889年，巴鲁克大学毕业了，开始面临择业的问题。因为颅相家的建议，伊萨贝尔放弃了让儿子成为医生的想法，决定让他勇敢地尝试些别的事物。好脾气的西蒙医生对妻子的决定没有任何异议，其实他也并不是很希望儿子走他的老路。巴鲁克之前一直为成为一名医生做准备，在医学方面下了一番功夫，不过他还是再次听从了母亲的安排。

在找工作的过程中，巴鲁克像每一个初涉社会的年轻人一样，吃尽了苦头。尤其是被用人单位拒绝的时候，他总是很绝望，仿佛自信心一夕之间坍塌，他甚至开始怀疑自己的能力了。在接连的失败之后，巴鲁克想到了一个捷径，西蒙医生有很多相熟多年的病人朋友，为什么不向他们求职呢？

巴鲁克想到的第一个人选是丹尼尔·古根海姆，他来自著名的古根海姆家族。丹尼尔先生很乐意为这个年轻人提供机会,并马上安排巴鲁克去墨西哥做矿石进口生意。对于年轻的巴鲁克来说,这是个出去闯荡一番的好机会,于是高兴地答应了。不过,伊萨贝尔对此坚决反对,巴鲁克的希望再次落空了。

接着,巴鲁克又找到了查尔斯·A·泰特姆。他在巴克莱大街86号开了一家名叫惠特尔-泰特姆的公司,主要业务是为药剂师供应玻璃器皿,他也是西蒙医生的朋友。这一次巴鲁克顺利地开始了职业生涯,虽然他要从学徒做起,周薪只有3美元,但他已经感到非常满足了。

在学徒工作期间,巴鲁克有幸见到了那个时代真正的投资大师J·P·摩根先生。J·P·摩根的全名为约翰·皮尔庞特·摩根(John Pierpont Morgan),被称为"华尔街的拿破仑",是一个可以对美国经济产生重要影响的人。当时,巴鲁克被派往"摩根先生的事务所"去取一些证券。在一栋华尔街上的老楼里,巴鲁克见到了摩根那非常有名的鼻子和黄褐色的眼睛。多年后,巴鲁克也追随这位前辈的脚步,成为金融界的强者。

做学徒的日子辛苦而忙碌,但世上没有无缘无故的成功。正是这段时间的积累,使得巴鲁克能够潜心学习,为将来的一切打基础。除了日常工作,巴鲁克还坚持着他的健身计划,并从未放弃自己的拳击训练。在一家名为伍兹的健身馆里,有很多职业拳击手,巴鲁克也常常观看他们训练,愿意以专业的标准要求自己。

这些职业拳击手教会了巴鲁克一个道理——"心态要稳,不要浮躁恼怒",这句话让巴鲁克终身受用,他想通过这项爱好控制自己的脾气。在他与一名红头发警察之间的拳击赛中,他切身体会到了这一点。

红发警察要比他强壮很多,在一开始巴鲁克处在弱势,很快受了伤,但他默记那句话,始终沉住气,没有认输。果然,当局势持续了一段时间后，红发警察开始掉以轻心，觉得巴鲁克根本不是对手，一时间竟然没有保护自己的身体。巴鲁克看准了机会，奋力用左拳击中了对手的腹部，再使出一记右拳，猛击他的下巴，高大的红发警察突遭重创，一下子倒在拳击台上。

事后，一位叫鲍勃·菲茨西蒙斯的职业拳击手对巴鲁克说："你本来快被击败了，但坚持了下来。那是你的一贯作风。你现在知道自己的感觉，或许感觉很不好。但你不知道另一个家伙是什么感觉，或许他现在比你更糟糕。在一个人被打得不能动弹之前，战斗远未结束。只要你不是那个人，你就有机会。要成为冠军，你得学会索取，否则你就不会给予。"

在拳击台上学到的道理后来也被巴鲁克运用到了其他领域，成为他闯荡华尔街的准则，让他把握住了更多的机会。

2. "回头是岸"的赌徒

1889年的夏天，西蒙医生在新泽西州朗布兰奇海边旅游胜地的西端酒店做驻店医生，并短暂居住在那里。每到周末休息的时候，巴鲁克和兄弟们常常会坐车从纽约来到这里度假。

人非圣贤，孰能无过，巴鲁克也有过险些误入歧途的经历，这正是发生在度假的时候。朗布兰奇是新泽西州著名的度假胜地之一，在这里人们可以划船、钓鱼、游泳，还可以赌博，小小年纪的巴鲁克渐渐迷上了赌博。

巴鲁克知道父母是不希望看到自己沉迷赌博的，但上瘾以后，又控制不住自己，便只能在晚上偷偷溜出去，过一过瘾。西端酒店附近就有一个小赌场，巴鲁克常常溜去那里，但因为1枚筹码至少也要1美元，当时巴鲁克的周薪仅有3美元，根本赌不起，所以大多数时间他只是看热闹。

日子久了，巴鲁克也在赌场里混成了熟人，一个名叫帕特·西迪的有名赌徒成了他的朋友，帕特知道这个少年不应该混迹于这里，曾经劝说过他。帕特说："伙计，看你天天都来这里闲逛，其实你不该这样。我见过你的家人，他们都对你寄予厚望，尤其是西蒙医生，他还给我看过病，是个多么善良敦厚的人，如果他们看见你迷恋上赌博，他们真的会非常伤心。"

帕特的话让巴鲁克内疚了好久，他知道这位朋友说的是真心话。但是每当赌瘾啃噬起他的理智时，他就管不住自己的身体，情不自禁地走进赌场。后来，他又发现了另外一家赌场，在那里1枚筹码只需要50美分。一天，巴鲁克照常来到轮盘赌桌前，那天手气不错，一会儿就赢了10美分。正当他打算再来一轮时，忽然感觉气氛凝重起来，抬头一看，门口站着沉默的西蒙医生。

西蒙医生没有勃然大怒，他静静地坐在了巴鲁克所在的赌桌前，轻声地说："儿子，如果你结束了，我们就回家吧。"西蒙医生的举动让在场的所有人都感到很钦佩，出于对父亲的尊重，也出于真心的悔过，巴鲁克站起身来跟父亲走出了赌场。他当然知道赌博并不是什么光彩的行为，只能恨自己自制力太差。

回到西端酒店，当他打算脱衣服睡觉的时候，西蒙医生才轻轻说了一句："儿子，有一天你像我一样做了父亲，或许就会明白我的感受了。"巴鲁克内疚地点了点头。当迷迷糊糊要进入梦乡的时候，母亲来到了他的床前。伊萨贝尔抚摸着他的头发，没有斥责儿子一句，只是向他表示自己的爱。

在这件事上，如果父母采取严厉批评的教育方式，或许反而会引起巴鲁克的叛逆，可是这种宽容与理解就像是融化冰雪的阳光，治愈了所有问题。巴鲁克一个晚上辗转难眠。次日不到凌晨5点，他就匆忙地爬了起来，没有和家人打招呼，悄悄地离开了西端酒店。他在火车站附近的一个小餐厅和一些铁路工人、车夫一起吃了早餐，然后踏上了开往纽约的第一列火车。

年轻人总归是年轻人，大道理什么都懂，但冲动的血液一涌上来，便很容易重蹈覆辙。回到纽约后，巴鲁克闲来无事，便去探望他的表兄马克斯·海曼。正巧，表兄正在与几个年轻人玩扑克，于是他提议说："我父母都在朗布兰奇，不如去我家玩吧。"于是，一群年轻人凑在了巴鲁克家的地下室里，正玩得热火朝天的时候，伊萨贝尔回来了。

巴鲁克大吃一惊，顿时感到手足无措。伊萨贝尔从楼梯上走下来，走到儿子身边，伸出双手一把抱住了他。巴鲁克原以为自己会遭到批评，却听到母亲对他说："看到你真高兴！你这个敏感的孩子。我真担心你会出什么事情。"原来，伊莎贝尔十分担心儿子会因为赌场里的事情难过，急忙赶回家里。巴鲁克又感动又羞愧，下定决心再也不赌博。其他年轻人见状连忙收拾了东西静静离开。

地下室里只剩下母子二人之后，伊萨贝尔告诉儿子，她托人又给他找了一份好工作。一位叫做朱利利斯·科恩的退休商人进入华尔街办了公司，他一直在找一个勤劳踏实的小伙子，愿意从底层干起，思想严肃认真，为人值得信赖、工作刻苦努力。

那一刹那，巴鲁克忽然想起了大学时代教他政治经济学的老师，他觉得自己仿佛更接近自己的梦想了。他兴奋地答应了母亲。正如他所预感的那样，这个决定给他的人生带来了巨大的影响。

3. 银行事务所

巴鲁克满怀斗志地找到了朱利利斯·科恩先生，迎来自己的第二份工作。他仍然以学徒的身份积累工作经验，所以他在最初是没有薪水的。尽管没有任何收入，但为了梦想的实现，巴鲁克毫不犹豫地离开了泰特姆先生的公司。

朱利利斯·科恩是一位退休的服装商人，而后找到了新的人生支点，成为了一名银行家。他在股票交易所任职，家住在东60区。他做事严谨，而且对任何工作的要求都非常高。这意味着，巴鲁克将要面临严苛的考验和锻炼。科恩先生对巴鲁克的要求非常严格，即使他只是一个打杂、跑腿的办事员，也从不给他松懈的时间。一旦有任何做错的地方，科恩先生都会毫不留情地批评他。

在华尔街的46号交易厅里，科恩先生的身后多了一个忙碌的身影，那里每天都有不少琐事要打理，巴鲁克在这里忙忙碌碌的，不过日子也因此过得很充实。巴鲁克的进步是飞速的，没过多久，他已经慢慢学会了关于风险投资、关于套利、关于外汇的很多基本概念和操作手法。他开始为自己的转行感到庆幸，这里虽然没有薪水，实质上获得的无形资产却远远比"周薪3美元"要多。

积累了一些经验以后，科恩见巴鲁克已经渐渐懂得了投资，便开始试着让他做以不同外币进行套利交易的计算。这种计算需要十分精确而严密，因此风险很大，在对不同国家的货币进行计算时，是绝对不能出错的。任何一个数字上的疏忽都可能导致很严重的经济损失，巴鲁克的压力很大，每一次计算都不敢松懈，小心翼翼，生怕出什么差错。

随着越来越多地接触投资方面的工作，巴鲁克渐渐懂得了很多投资知识。比如，他观察到科恩的公司会买铁路的证券，若铁路重组后效益好，手里的证券就能挣上一大笔钱。慢慢地，巴鲁克在货币换算中找到了感觉，变得游刃有余，不再诚惶诚恐。将一笔金额由荷兰盾换算成英镑、由英镑换算成法郎、由法郎换算成美元、由美元换算成马克，他只需要用很少的时间。一些棘手的经济问题，他也可以轻松地应对。

令人兴奋的是，巴鲁克出色的表现让他很快结束了学徒生涯，所有的同事都看得到这个小伙子的聪明能干。他终于可以拿到正常的薪水了，虽然周薪还是3美元，可他在这里收获的东西要更有价值，他也认为自己在这里找到了真正的乐趣。

正在巴鲁克享受工作带来的乐趣时，西蒙医生的探亲之旅打断了他的工作生涯。西蒙医生一直想要回到自己真正的家乡看看，他决定带着巴鲁克踏上欧洲的旅程。巴鲁克非常开心，可旅途中也发生了些让他后悔的事，在回欧洲的船上，父子俩与三个古巴人住在一个船舱。其中一位老兄可能是因为晕船，从开船开始，摇摇晃晃吐了一路。整个旅途中，巴鲁克的心情都因此受到了影响，一心盼着早些到达欧洲，见到自己的祖父祖母。

船靠岸的那一刻，巴鲁克见到一向稳重的父亲流下了激动的泪水，也不禁动容。故乡对一个人的灵魂有着非凡的意义，离开故乡的时候，西蒙医生还是一位长着青春痘的15岁少年，时光飞逝，35年的过往仿佛一瞬间掠过。当再次踏上故乡的土地时，昔日的少年已经变成了少年的父亲。巴鲁克揽了揽父亲的肩膀，表示一下安慰。两个人继续搭车去往普鲁士的波什。很快一家三代就团聚了。巴鲁克迅速与祖父成为了朋友，他所了解的那些关于父系祖先巴鲁克家族的事情，都是祖父告诉他的。在他们启程离开波什的时候，巴鲁克感到非常不舍。

与祖父祖母共聚了一段时间之后，巴鲁克和父亲还顺便去了柏林旅行。赴欧洲探亲的事情打断了巴鲁克的工作，他走之后，为了不耽误工作进展，伊萨贝尔代替儿子工作了好一阵子。巴鲁克从欧洲回来的时候，已经是秋天了。科恩迫不及待地希望巴鲁克能够回去工作，不过巴鲁克早已对自己的人生有了新的想法和规划，他觉得自己应该出去独自闯一闯了。

4. 初生牛犊不怕虎

俗话说,"初生牛犊不怕虎",年轻人对世界的征服欲望是强烈的,他们身上涌动着不安分的血液,不愿意放过任何一个证明自己的机会,希望去做一番大事业。年轻不怕犯错,也不怕尝试,成功者都变成了传奇,失败者则顶多在周围人几句"不知天高地厚"的教训下继续回归原来的人生路线。

巴鲁克没有回到科恩先生的事务所,是因为他正在酝酿一个很大的计划,他准备和几个朋友创业,去科罗拉多的金矿银矿发笔横财。开始时,巴鲁克很担心父母会反对,可是事实上并没有人反对。

筹备一番之后,巴鲁克和伙伴们踏上了淘金的征途。他们来到普尔克里克,这是一个采矿集镇。巴鲁克意外地发现,这里还遍布赌场。赌瘾这只小虫子又开始蠢蠢欲动,巴鲁克感到生活美好极了。不过,巴鲁克此时已经不再是那个幼稚的少年了,小赌只是休闲,更大的赌博应该在股市。经过一番调查研究,巴鲁克下手买了他人生中的第一只股票——在当时称作"旧金山矿"的股票。当然,作为一种尝试,这只股票并没有那么好的预期。在得出这个结论后,即使那时的他已经被提升为爆破组组长,而且每天还可以去赌场赌几把,他还是决定离开那里,回纽约。

从巴鲁克的求学生涯和前两段工作经历可以看出,伊萨贝尔总是在帮儿子做出决定,巴鲁克从科罗拉多回来后,她再次做了这样的事情——出马为儿子联系了一份工作。

伊萨贝尔在做慈善事业的时候认识了一位叫德福雷斯的慈善

家，是一位富有的纽约商人。德福雷斯又将伊萨贝尔介绍给了阿瑟·豪斯曼。这样一来，伊萨贝尔让巴鲁克去见了阿瑟·豪斯曼。据巴鲁克在自传中回忆，这位豪斯曼先生高6英尺，重200多磅，性格非常乐观。更凑巧的是，豪斯曼的弟弟就是伯纳德上文法学校时负责接送他上学的那个胖胖的小男孩。

后来，当巴鲁克回忆自己的经历时，他觉得在华尔街的真正起步是从豪斯曼公司开始的。他在那里做过兼职小办事员、校对员和办公室勤杂工。虽然工作性质和在科恩先生那里差不多，但是薪水却从每周3美元涨到了每周5美元。

巴鲁克当然不会一直满足于做这些琐事，慢慢地，他对记账员的工作产生了兴趣。为了胜任这个岗位，他还决定去夜校进修，学习簿记和《合同法》的课程。多年后，巴鲁克还曾自豪地说："即便是现在，我还能抱着一套很复杂的账簿，从账目中查出个所以然来，完全不用他人帮忙。"

除了学习账目和合同方面的知识外，巴鲁克还认为定期阅读《金融年鉴》是非常有必要的。他一有机会，就拿过《普尔手册》来阅读，使劲往脑子里塞进关于不同公司的各种信息。他认为这些信息对成为一个投资者是非常有必要的。据他自己回忆说："那时的我能一口气说出美国所有重要铁路的运行路线，以及它们的主要收入来源于运输哪些商品和物产。而且我也不用查看地图册就知道，哪些铁路在全国的某个地方会受到干旱的影响、在另一个地方受到洪水的影响，哪些铁路因某个新矿的发现或者某个新居住地区的开辟而受到影响。"

经过一段时间的学习和历练，巴鲁克在投资方面已然成了半个专家，但碍于没有本钱，缺少实际操作的锻炼，也错失了不少发财的机会。不过，才华始终是掩饰不住的，在某个团体中，巴鲁克渐渐有了些小名气，大家都听说有这样一位对投资很内行的人物，于是纷纷找他研究、探讨。

渐渐地，巴鲁克从"幕后军师"转变为自己投机买卖股票了，他曾经说过，"在华尔街，任何'新兵蛋子'都可能赚到钱。"自己当然也要尝试一番。他在豪尼格曼－普林斯公司有个小的保证金账户。现在在证券交易所买股票，人们必须按买入价的70%投入实有资金，可在股票市场的早期年代，人们只需拿出买入价的10%～20%作为"保证金"，其余的买入成本均由经纪人垫付。如果买入的股票价格下跌，那么保证金就没了。

巴鲁克主要是操作那些由破产管理人监管的铁路公司的股票以及一些工业股。在这段时间中，他领悟到了不少投资上的诀窍，所以他也经常可以赚到钱。但是投资不是一件简单的事情，新人的确可以赚到钱，但也会赔掉更多的钱。从一个新秀成长为一个专家，绝不是一朝一夕就可以成就的事。很多股市里的新兵就是把事情看得太简单，所以总是冲动投资，盲目自信，才在股市里交了大把大把的学费。

对于股市里的这种现象，巴鲁克在自传中有这样的阐述："年轻的时候，我在华尔街积极参与投机，很快了解到，人们为了获得市场上的消息，会使尽伎俩。他们会请你吃饭、看戏、到家里做客。目的无外乎从你的嘴里套出点消息。"这也解释了为何很多新手会陷入怪圈。很多想套消息的人都是被股市迷惑了，他们注定是要失败的人。巴鲁克初入股市时，也有过类似的想法，幸运的是他用最短的时间看穿了其中的本质。

本质上来说，股票市场就是人，是人们在努力阅读未来。而且，正是因为人类具有这种孜孜以求的特性，股票市场才变成一个戏剧化的竞技场。在这个竞技场上，男男女女进行着判断上的较量，希望自己与恐惧作斗争，利用自己的优点去抗衡对方的缺点。这是一个贪婪与理想的对抗，如果谁不知道如何去获胜，就只能成为股市的牺牲品。

当然,这些都是巴鲁克以后在不断的实践过程中总结出来的。他在给豪斯曼公司当办事员的时候可不知道这些。那时的他和所有新手一样,虽然懂得一些技巧,但是不够理智,时常做一些错误的决定。用他自己的话说就是:"我该犯的错误都犯了,因为雄心勃勃、因为精力充沛,很可能所犯的错误还超过了我应该犯下的。所以不妨这么说,我在华尔街的整个生涯实际上就是一个在人性方面接受教育的漫长过程。"

5. 刻骨铭心的错误

每一位伟大的投资家都曾经犯过错误,巴鲁克也不例外。但有那么刻骨铭心的一次,让他印象十分深刻,他也因此了解到,在股市中冲动是要付出代价的。更遗憾的是,冲动的代价不只是自己赔个精光,还捎上了父亲西蒙医生。

当时,巴鲁克看中了一只股票,觉得买到手里会只赚不赔。那条将伊利湖中普特因贝上一家宾馆和陆地连接起来的高架有轨电车路线看起来前途无量,有升值的潜力。可惜的是,作为一个没有积蓄的年轻人,巴鲁克拿不出钱来进行投资,也就无法证明自己。他很怕失去这次发大财的机会,感到非常苦恼。

最后,他决定向父亲西蒙医生借一笔钱,因为对那只股票的信心,他觉得如果拿了西蒙医生的钱,大赚一笔之后,不但可以证明自己的价值,还可以让父亲对自己刮目相看。想到这里,巴鲁克觉得自己的想法很靠谱,于是他与父亲商量了这件事,并阐述了自己对那只股票的研究和判断。西蒙医生冷静地听着儿子的阐述,没有欣喜若狂，也没有表现出怀疑和不信任，但他用最实际的行动表示了对儿子的支持，转过身去，立刻取出了8000美元给了巴鲁克。唯一的台词是——"我支持你的一切想法，拿去试一试吧。"

试想，在当时的经济环境下，8000美元是很大一笔钱。巴鲁克初入华尔街的时候，周薪才只不过3美元而已。8000美元对一个家庭的概念是不言而喻的，它让西蒙医生的荷包损失了大半。

可惜的是，西蒙医生对儿子的支持仅仅变成了精神层面的，巴鲁克的判断还是出了些问题，自己的钱赔了进去不说，父亲的8000美元也付之一炬。巴鲁克十分恼火，他难以接受，感到十分受挫，也十分懊悔。西蒙医生则秉持了他一贯的做事风格和教育理念，不仅没有批评抱怨儿子一句话，还用温暖的鼓励安慰了巴鲁克。

后来回想起这次经历的时候，巴鲁克也觉得自己的反应是过分激烈的，或许是年轻气盛，对挫折的承受能力弱了些吧，还是父亲的表现更加成熟理智。西蒙医生总是关心人的价值观要甚于金钱，所以能够割舍下那份心疼，加倍地鼓励儿子，他的确是一位称职的父亲。巴鲁克则因此懊恼了许久，总觉得在父亲面前抬不起头，下定决心要抓住下个机会将父亲的损失赚回来，一雪前耻。

怀揣着这样的想法，巴鲁克开始搜寻每一次赚钱的机会。不久后，巴鲁克终于等到了这个机会，他兴奋地告诉母亲，在田纳西煤铁公司的股票上似乎可以赚些钱，只是他手上仍然没有投入的资金。母亲提议巴鲁克去向父亲要，但是巴鲁克立刻拒绝了这个建议。上一次他让父亲赔了钱，这一次说什么也不想再朝父亲要钱了。

伊萨贝尔不会坐视自己的宝贝儿子为资金发愁，错过一次大好良机，她悄悄把事情告诉了丈夫。西蒙医生主动揣着500美元的支票来找巴鲁克。关于父子俩见面的场景，巴鲁克有些记不清了，或许是场面太窘迫，让巴鲁克在潜意识里想要忘记。血浓于水，尽管心里憋着一口气，但是接受亲人的钱总还是最顺理成章的，巴鲁克推托了几次之后还是接受了父亲的支援，并被父亲对自己的信任和支持而深深感动。他的自尊心也被大大地激发起来，发誓一定要吸取上次的经验教训，让父亲也为自己骄傲一次。

万幸的是，这一次巴鲁克赢了。他总结了上次失败的教训，不再冲动和急躁。他有最支持他的父母亲做后盾，这让他安心，也让他更谨慎。在下手投资之前，有很多事情都应该弄个明白，才能免于事后懊悔。比如说，对自己要投资的股票是否了解？这次交易是否超出了自己的财力？如果投资者对即将投资的公司的管理层不是很了解，对它的盈利和它的未来前景所知甚少，那一定要慎重行事。如果投资的资本超出个人财力，并且投资者试图靠极少的资金快速赚到大笔财富，这也是不行的，很容易赔得一分钱不剩。

巴鲁克在那次刻骨铭心的错误投资中学会了更理性地看待问题，这是莫大的财富，它对于巴鲁克的意义，已经超越了接下来的每一次投资成功。因为他所领悟到的，其实都是股票投资的核心问题。

第三章 一战成名

1. 第一次赚大钱

时光流逝，一转眼，到了1896年。4年的时间成功地把巴鲁克从一个毫无经验的小学徒历练成为一名经验颇丰的小伙子。此时的他才华横溢，在工作方面更是表现得非常优秀。

由于工作业绩异常突出，巴鲁克觉得自己应该可以涨薪水了，于是他便向豪斯曼公司的老板提出了这一要求，他希望自己能够获得每周50美元的薪金。豪斯曼先生听了巴鲁克提出的加薪要求之后，拍了拍巴鲁克的肩膀说："小伙子，你要求的每周50美元薪金我不能给，也给不起，但是我完全可以把公司的八分之一股份交给你。"

虽然巴鲁克没有按预期的那样得到50美元周薪，但是听完豪斯曼先生的话，他仍旧非常高兴，满心欢喜地接受了豪斯曼先生的提议。其实巴鲁克心里非常了解公司的情况，他之所以提出周薪50美元的要求，仅仅是想得到老板的重视，并且希望能够涨点薪金而已。如今，豪斯曼先生答应他把公司八分之一的股份分给他，这意味着他将拿到30美元左右的周薪，从学徒时期的周薪5美元到如今30美元这也算得上是一次巨大的飞跃。但是，最让他开心的是他身份的转变：他已经从公司的普通职员发展到了公司的合伙人。

成为豪斯曼公司的合伙人之后，巴鲁克为了向公众显示他身份的改变，在各个方面都更加严格要求自己，尤其是在穿戴方面，以前穿的那些学徒服装早已成为过去。为了改变自己的形象，使自己看上去体面一些，巴鲁克拿出自己积攒多年的薪金到名牌服装店为自己精心挑选了一件外套，另外又为自己配了一顶上等面料的礼帽和一双优质小牛皮鞋。经过精心的包装之后，巴鲁克已经成为了一个名副其实的合伙人。

与豪斯曼公司成为合伙人之后，巴鲁克在工作上干劲十足，比以往更加积极上进。在巴鲁克与公司全体成员辛勤努力的一年之中，他们取得了丰硕的成果：公司总收入以惊人的速度飞快增长，突破了48000美元的大关。随着公司收入的增加，作为公司合伙人的巴鲁克自然而然地也就得到了更多的报酬。

由于赚的钱越来越多，巴鲁克平时又没有太大的开销，所以，巴鲁克想用这笔钱再做一些交易以赚取更多的钱。想法是好的，但结果往往不是那么尽如人意。在巴鲁克多次交易的过程中有赚也有赔，赚到的钱在他手中好比匆匆的过客一样。这样的情况持续了好久才得以解决，最后，巴鲁克意识到：做投资交易，就好比做人，不能太贪心，始终要为自己留一条后路，以备不时之需。

在总结经验教训之后，原本就非常有才华的巴鲁克在投资技巧方面又成熟了很多。1897年在一次投资交易中，巴鲁克赚到了他人生中第一笔大额利润，这次成功的投资交易使巴鲁克在华尔街名噪一时。

事情是这样的：在吸取经验教训之后，巴鲁克开始认真研究当时的股票市场，经过精心的策划和分析之后，巴鲁克把目标锁定为美国炼糖公司，并且拿出几百美元买了100股这家公司的股票。这次的投资不仅计划周全，最关键的是巴鲁克改变了以往的投资策略，这标志着巴鲁克在投资技巧上又有了改进。

巴鲁克在投资之前，对美国炼糖公司进行了周密的调查和细致的分析。他的调查研究表明：美国炼糖公司在当时的炼糖业起着举足轻重的作用，是一家实力非常雄厚的公司，可以说该公司控制着全国大部分的糖产量并且拥有巨额的税后余利。

当时，虽然美国炼糖公司从总体上看有着特别好的发展前景，非常适合人们做投资交易。但是，巴鲁克心中非常明白，投资的性质和赌博是一样的，随时都充满着危机。美国炼糖公司也不例外，在它雄厚实力的外表下也隐藏着危机。针对美国炼糖公司的粗糖进口价格，外界传言一直不断，最后美国炼糖公司遭到国会调查。经过国会一番调查之后，结果表明，对美国炼糖公司粗糖进口价格的质疑是有事实根据的，美国炼糖公司接受罚款并且要将之前巨额的未交税款补齐。

除此之外，在当时，美国的炼糖业一直被人们称做"糖业托拉斯"，一旦涉及到"托拉斯"这几个字，人们便从心里感到反感。更不乐观的是，当时的众议院通过了一个降低食糖进口关税的法案，这些都对美国炼糖公司的发展不利，进而可能会对巴鲁克的投资产生巨大影响。

巴鲁克深知此时投资的危险性，但是巴鲁克从全局出发，经过审慎分析考虑，最终得出结论：众议院通过的法案，在关税税率上不会有什么改变。事实正如巴鲁克所想，法案实质上会一直使关税税率保持不变。这不仅使巴鲁克松了一口气，也使美国炼糖公司成为最大的受益者，该公司的股价飞速上涨，以惊人的速度达到了159美元的高位。此时巴鲁克将他之前买的那100股卖出去，然后用赚到的钱继续做投资交易，最终巴鲁克拥有了6万美元的资金。

成功完成这次投资交易之后，巴鲁克最大的心愿就是用赚来的这些钱给心爱的姑娘——安妮办一场盛大的婚礼，巴鲁克为此兴奋不已。

2. 筹备婚礼

说到筹备婚礼，首先要了解巴鲁克心爱的姑娘——安妮·格里芬。

安妮·格里芬在未出嫁之前一直与父母住在一起，她的父亲霍恩·格里芬是一个老实的商人，从事玻璃进口生意；她的母亲格里芬夫人也出自商人家庭。因此，家境殷实，一家三口过着幸福的小日子。

安妮·格里芬一家住在西58大街，这恰恰是巴鲁克每天上班的必经之路。有一天，巴鲁克和一个叫戴弗·申克的朋友一起去上班，在路上刚好经过申克继父开的一家旅馆，两个人随意地进去坐了坐，在申克和里面的两位漂亮姑娘打招呼时，巴鲁克特别留意其中一位身材高挑的姑娘，后来得知，这位姑娘原来是申克的表妹安妮·格里芬。从那之后，每当巴鲁克上班经过这家旅店时，他都会抖擞精神故意停留片刻，期待着有机会能够再见到安妮·格里芬。

巴鲁克在旅店里看见安妮·格里芬的第一眼时，就已经认定安妮小姐将会是他今后的结婚对象。那么，安妮身上到底具有怎样的魅力，让巴鲁克如此倾心呢？

根据巴鲁克自己的描述，安妮·格里芬小姐身上透着一股清新脱俗的气质，腰肢很细，身材高挑，皮肤光洁，给人一种轻盈干净的感觉。巴鲁克认为安妮小姐就是他生命中的女神，安妮小姐的一颦一笑都牵动着巴鲁克的心。

陷入爱情之中的巴鲁克，像其他男孩子一样，总是想找各种理由接近心爱的女孩，但是事情并不像巴鲁克期望的那样顺利。有一次，巴鲁克终于在旅馆外面见到了安妮小姐，激动的心情迫使他没有多加思考就上前与安妮小姐打招呼，巴鲁克急切地问："请问您就是安妮·格里芬小姐吧？"安妮小姐可能在旅店里多次遇到类似的搭讪，为了不给自己增添麻烦，安妮看都没看巴鲁克一眼就回答："不是。"这简短的两个字犹如一把重锤狠狠地打在了巴鲁克的心上，让巴鲁克私底下伤心了好久。

虽然这次失败了，但是巴鲁克没有灰心，他吸取了上次的教训，改变了追求策略。他想到安妮小姐是好友申克的表妹，于是，他便恳求申克为他安排和安妮小姐见面的机会。功夫不负有心人，在好友的精心安排下，巴鲁克与安妮·格里芬终于相互认识了。

相互了解，这只是巴鲁克计划的第一步，为了能让安妮爱上自己，巴鲁克成了旅店的常客，增强了对安妮的爱情攻势。目标是光明的，道路却是曲折的。由于巴鲁克在追求安妮方面表现得过于殷勤，遭到了安妮父亲的反对。其实安妮父亲对巴鲁克本人并没有多大意见，问题出在两人的宗教信仰上。安妮父亲是美国新圣公会牧师的孙子，传统的宗教观念使他认为基督教徒与犹太教徒之间存在的差异会给女儿的婚姻带来不幸。

虽然父亲强烈反对，但是在巴鲁克不懈地追求之下，安妮对巴鲁克的了解渐渐深入，此时的安妮已经深深地爱上了巴鲁克。于是，两人开始了他们的秘密恋爱。幸运的是，老天总是在眷顾巴鲁克，不时地还会为巴鲁克提供一些与安妮见面的机会：安妮小姐和母亲在每一年的夏天都会到马萨诸塞州的匹兹菲尔德度假，而安妮的父亲老格里芬却待在家里。巴鲁克抓住了这个大好时机，每到周末，他就会早早地来到匹兹菲尔德与心爱的人约会。在这里，脱离了格里芬先生的"监视"他们玩得非常尽兴。跳舞和骑车可以说是他们俩最钟爱的活动，在匹兹菲尔德宽敞的马路上，只见两个年轻人骑着一辆单车，一路上有说有笑，别提多开心了。

两个人的感情越来越深，仅仅在周末约会已经完全不能满足他们的要求。为了确保约会的安全，两个人开始想办法，他们发明了一种只属于他们自己的信号：如果安妮家里的窗帘拉起来就表示安妮父亲不在家；如果窗帘放下来就表示安妮父亲在家。除此之外，他们还会故意在中央公园会面。每次约会的时候他们都会坐在固定的长凳子上诉说衷肠。巴鲁克在此时一般都会抓着安妮的手，温情地对安妮说："等我有足够的钱为你准备一场盛大的婚礼时，我们就结婚！"

虽然巴鲁克和安妮对他们两人的未来都充满了信心，但是结婚的事一拖再拖。主要原因就在于，巴鲁克以前经常草率地进行投资，赚到手的钱总是留不下来。就在1897年，巴鲁克通过投资美国炼糖公司大赚了一笔之后，兴奋的巴鲁克立即给安妮打电话，将他赚了6万美元的消息告诉了安妮，想尽早和安妮结婚。

巴鲁克用自己赚到的第一笔大额利润筹办了自己与安妮的婚礼，1897年10月2日他们不顾安妮父亲的反对，在安妮·格里芬的家里举行了婚礼。他们还邀请格里芬家里一位叫理查德·范·霍恩的亲戚为他们主持婚礼。在巴鲁克的精心安排下，婚礼温馨而又浪漫，给安妮留下了美好的回忆。

婚礼之后，他们开始了蜜月之旅。他们的蜜月是在华盛顿特区和老康姆福特度过的，一路上他们又是坐火车又是坐轮船，非常辛苦，但是在这对新婚夫妇的眼中，这段回忆是非常甜蜜的。

像其他新婚夫妇一样，巴鲁克和安妮结婚之后最初也是和巴鲁克的父母住在一起的。这时的巴鲁克一家已经不再住原先租来的那个又挤又窄的小房子了，他们搬进了西70大街51号，这是一个既宽敞又舒适的房子。虽然巴鲁克的父母非常疼爱自己的儿子，但是在与巴鲁克父母一起居住的那段时间里，安妮生活得并不是很快乐，究其原因，可能是巴鲁克父母太喜欢为子女操心，过多地干涉了安妮和巴鲁克的生活。

为了让妻子生活得快乐，细心的巴鲁克做出决定，搬出了父母的家。两人在西端大道345号租了一个小房子，这个地方虽然很狭窄，但是两个人过得很开心。两年之后，安妮为巴鲁克生下了他们的第一个孩子——贝尔，而为孩子接生的就是孩子的祖父。

巴鲁克通过自己后天的努力再加上先天的才华，把自己的事业干得越来越红火。随着事业蒸蒸日上，巴鲁克赚的钱也就越来越多，为了给自己的妻子和孩子提供最好的生活环境，巴鲁克一家经常搬家换房子。他们住的房子不但越来越宽敞，而且还越来越气派。

巴鲁克不仅是一个细心能干的丈夫，而且他还是一个非常浪漫的人。巴鲁克非常感谢自己的妻子能在父亲的强烈反对下坚持与他结婚。因此，巴鲁克一心想要补偿妻子。有一次，巴鲁克为了给妻子一个惊喜，买了一枚非常昂贵的钻戒。安妮看到钻戒后心里特别高兴，但是她知道巴鲁克平时工作非常辛苦，赚钱很不容易，于是她对丈夫说："以后不要买这么贵重的礼物了，我想要的你都已经给我了。"

夫妻二人互相理解，互相支持，生活幸福美满。另外，因为夫妻二人在结婚之前一直没有得到格里芬先生的祝福，所以，他们夫妻二人在日常生活中十分妥善地处理宗教方面的问题。看到女儿、女婿如此恩爱幸福，格里芬先生不得不承认自己当初固执己见是错误的行为。

巴鲁克不仅疼爱自己的妻子儿女，对自己的父母兄弟也是如此。1897年，巴鲁克为了在父母的结婚纪念日那天给父亲一个惊喜，他送给父亲一份特殊的礼物——2万美元。其实，原本巴鲁克想要给父亲3万美元，但是为了给哥哥谋求一个好的职位额外花了19000美元，所以目前只能给父亲2万美元。虽然比预期的少了，但是巴鲁克的举动还是深深地打动了父亲和哥哥。

3. 雪花一样的订单

巴鲁克在市场这个大舞台上摸爬滚打，练就了一身本事。经过几年的细心钻研和考察，巴鲁克总结出了一套经验。他认为："投机者就是评判未来，并且在未来情形出现之前就能采取行动的人。"巴鲁克之所以能够得出这么精辟的投资结论，与他的一段投资经历是分不开的。

1898年4月25日，美国与西班牙之间的战争爆发了。这场战争以美国"缅因"战舰号爆炸为导火线，美国为了吃掉古巴和菲律宾群岛这两块肥肉，凭借自己雄厚的经济、军事实力蓄意挑起这场战争。

战争期间的股市随着两国战事的发展走向而起伏不定。此时的巴鲁克带着孩子在父母家中准备一起过国庆节。就在一家人举杯欢庆的时候，巴鲁克的老板打来电话。他将海军准将施莱已经在圣迭戈消灭西班牙舰队的消息告诉了巴鲁克。巴鲁克听到这个消息顿时浑身振奋。因为，如果美西战争结束，美国的经济将会得到复苏，金融市场也会随之反弹，这对于专门靠投资市场吃饭的他来说，简直就是天大的好消息。

但是，在得知这个消息之后，巴鲁克陷入了沉思之中。因为，如果他想通过在伦敦股市开盘时买入美国股票，然后再在纽约高价卖出这个办法获得巨额利润的话，他就必须得在第二天伦敦股票开盘前，赶到设立在纽约的办公室，发出越洋电报。

作为一名优秀的投资专家，巴鲁克不会轻易放过任何一个对自己有利的机会。他马上带着孩子租了一辆车，连夜一路狂奔。巴鲁克兴奋得一夜都没有合眼，他仿佛已经看到了伦敦的曙光和大把大把的钞票。但是，巴鲁克万万没有想到，自己这次出门根本没有带办公室的钥匙。

几个人一路颠簸，终于在次日清晨赶到了公司。此时，巴鲁克才意识到自己没有带钥匙。于是，巴鲁克让体重最轻的儿子踩在哥哥身上，从打开的窗口爬进室内。就这样，几个人忙得满头大汗，最终打开了大门。一进办公室，巴鲁克就立刻进入了工作状态，开始大量发送电报，电报的内容就是大量吃进股票。

此时，豪斯曼公司的老板豪斯曼先生也来到了公司。阿瑟·豪斯曼和巴鲁克双管齐下：巴鲁克负责发电报，阿瑟·豪斯曼则负责给客户打电话。一个个还在沉睡中的客户被阿瑟·豪斯曼激动的声音叫醒：“美国胜利了！经济复苏了！股市繁荣了！”随着电话的打出，电报的发出，人们购买股票的订单就像雪花一样飞来。

一连几天，纽约股市的股票都一路飘红。这使战胜国人们的心情格外的愉悦。在这次股市"抢先战"中，豪斯曼公司打了一个漂亮的胜仗。在这次事件之后，豪斯曼公司不仅赢得了巨大的利润，还赢得了一个美名。从此，人们都非常看好这家具有极强预见性和快速行动性的公司。

善于总结经验的巴鲁克在这次行动之后又得出了一个结论：挽救股票市场就如同救人民于水火之中，一刻不能耽搁，必须立即行动。

4. 撼动烟草托拉斯

19世纪，美国资本主义经济快速发展起来，在美国经济增长的同时，生产和资本的集中同样发展着。特别是19世纪最后30年的3次经济危机，更加速了资本集中的过程。托拉斯是美国垄断组织的普遍形式。当时的美国有三个行业大王，分别是石油大王、钢铁大王和烟草大王。

其中的烟草大王与巴鲁克有着不解之缘。烟草大王詹姆斯·杜克的成功之路布满了荆棘与坎坷。14岁的杜克就已经成为他们家族一个小型烟草公司的经理,他在经营自己公司时以节俭著称,面对困难时,他总是第一个冲锋陷阵,勇于承担所有责任。杜克最终以他的辛勤和智慧,一步一个脚印地把自己的公司做大做强,从原来的小型烟草公司一直发展到目前这个在全世界都极具影响力的烟草核心公司。

就在以杜克为核心的烟草公司一家一家吞并其他烟草公司时,杜克遇到了前所未有的困难:有3家极具实力的独立烟草公司无论如何也没能被纳入杜克的旗下。其中有一家烟草公司——全美卷烟公司,受控于莱恩和一些具有同等实力的人的手中。

巴鲁克之所以会与杜克结下不解之缘,莱恩在其中扮演着重要角色。当时,金融界的巨子莱恩先生在控制了纽约城市运输公司的同时,一心想要打破以杜克为核心的烟草帝国,想通过收购利杰特-迈尔斯烟草公司来实现自己的目的。为了能够成功完成这次收购,莱恩找到了颇有名气的豪斯曼公司,找到了巴鲁克。

巴鲁克和豪斯曼公司的所有成员,听到要与名噪一时的莱恩先生合作,一起收购利杰特-迈尔斯烟草公司,以打破杜克烟草帝国的垄断的消息都非常开心。尤其是巴鲁克,他已经等待这个能够供他施展才华的机会好久了。虽然这并非易事,充满了挑战,但在巴鲁克看来,要想在业界一鸣惊人,就必须接受这一巨大挑战——成功帮助莱恩完成收购目的。

信心十足的巴鲁克和豪斯曼公司决定接受挑战,帮助莱恩先生达成心愿。此时的巴鲁克已经28岁了,虽然在之前做过几次非常完美的大生意,但是他在处理类似的企业收购事务上并不是那么熟练。巴鲁克在认识到自己的不足之后,做起事来更加小心谨慎。

巴鲁克为了完成任务,做了精密的计划。第一步,巴鲁克先去拜访了联合烟草公司的总裁乔治·巴特勒先生;第二步,巴鲁克又拜访了委托人莱恩先生。在拜访两位烟草界巨人之后,巴鲁克以自己的智慧、审慎的态度以及多年积累的经验赢得了两位先生的信任。

两位先生和巴鲁克谈完话之后，认为此人完全可以完成这次任务。于是莱恩先生派自己的私人律师威廉·H·佩吉先生带领巴鲁克，前往美国密苏里州东部的大城市——圣路易斯市去谈判收购协议。

巴鲁克满怀信心地踏上了西去的列车，到达圣路易斯市之后，他马上进入了谈判状态。在整个谈判过程中，细心的巴鲁克留意观察双方代表的言行与态度，他发现在利杰特－迈尔斯公司的所有代表中，只有一位董事同意将公司的股份卖给杜克。通过这件事，巴鲁克看出，烟草帝国的巨人——杜克虽然在事业上很成功，但是他也存在致命弱点，那就是不得人心。巴鲁克就像手握一把金钥匙一样信心倍增，帮助莱恩先生收购利杰特－迈尔斯公司志在必得。

巴鲁克和威廉·H·佩吉先生在掌握了基本信息之后，又将情况反馈给了莱恩先生，莱恩先生看到自己对收购利杰特－迈尔斯公司存在很大优势，立即召开会议，商讨下一步的策略。本来莱恩和杜克两家企业势均力敌，但是莱恩在"人际交往"这一点上大大胜过了杜克。所以，他们主张采用"亲切待人"的政策打赢这场战争。另外，在人员分配上他们也做出了周密的安排：由于巴特勒总裁与摩西上校是多年的好朋友，莱恩安排巴特勒说服摩西上校；巴鲁克和律师佩吉先生则负责拉拢摩西上校以外的所有人。经过细致的部署安排和大家的共同努力，事情进展得非常顺利，所有的一切都朝着成功收购利杰特－迈尔斯公司的大方向发展。

在莱恩先生与巴鲁克共事的这段时间里，他发现巴鲁克不仅工作能力强，经验丰富，就连在人际交往这一块也处理得非常巧妙。因此，莱恩先生特别欣赏巴鲁克。在巴鲁克完成分内任务的同时，莱恩先生还赋予他一项新的任务。

巴鲁克接到的新任务就是通过卖空操盘的方法来打乱杜克的计划，以便让杜克知道莱恩的厉害。当然，烟草大王杜克也绝对不是好欺负的，面对莱恩的挑衅，杜克团队也做出了回应。为了与莱恩竞争利杰特－迈尔斯公司，杜克另外成立了一家分公司——大陆烟草公司，这家公司比较特别，它的股票交易是在室外场所进行的。

于是，莱恩与杜克的较量真正开始了。由于两家公司都在场外进行股票交易，一开始，巴鲁克对这种大规模的场外股票交易不太熟悉，也不太适应。但是在两位内行经纪人的帮助下，巴鲁克渐渐地摸索到了在场外进行操盘的方法，并且还形成了一套属于他自己的技巧。就这样，无论刮风还是下雨，两家公司依然气势汹汹。

坚持了一段时间之后，巴鲁克发现，单纯的硬碰硬的竞争是不可取的。如果想要在双方势均力敌的情况下取胜，就必须使用一些战略战术。巴鲁克把自己的想法告诉了莱恩，莱恩听了之后觉得非常有道理，马上召开了会议。会上，大家集思广益，最后决定：抓住机会，发现大陆烟草股票坚挺时就售出，发现大陆烟草股票疲软时就将股票买入，一旦股票价格攀升就立即空头卖出，然后再在股票价格下滑时购进先前售出的股票，以弥补股票数量的不足。

坚持这样的操作思路之后，巴鲁克马上就看到了效果。大陆烟草公司的股价被莱恩集团狠狠地打压了下去。巴鲁克认为如果继续实行这个办法，杜克烟草公司的股票价格将会一直往下降，以致该公司最后不能正常经营运作。

有一天，大家在公司正干得兴致勃勃，莱恩先生突然走了进来，只见莱恩先生表情非常严肃，大声地冲着大家喊道："巴鲁克先生，请你告诉我，你已经赔掉了我多少钱？"

巴鲁克听了此话有些摸不着头脑，愣愣地回答道："先生，您这是怎么了？我们不仅一分钱没有赔，还赚了一大笔钱呢！"

"真的赚了很多？"

"当然是真的！"

"那好吧，我现在告诉你，我的目标只是收购利杰特－迈尔斯公司，并不是想弄垮杜克集团。"

据巴鲁克回忆，当时莱恩先生在交代最后一句话时，虽然语气很生硬，但是巴鲁克能从话语中听出莱恩先生内心其实很得意。

在巴鲁克的协助下，莱恩成功地向杜克表明自己的实力——他拥有足以撼动杜克烟草帝国的力量。巴鲁克的聪明才智以及他与生俱来的金融方面的天赋再次得到了莱恩的认可和青睐。

在这次商业大战中，莱恩不仅取得了最后的胜利，还赢得了巴鲁克的友谊。巴鲁克在与莱恩一起工作的这段时间里，发现莱恩不仅聪慧、有胆识，而且还是一个非常理智的人。莱恩先生所具有的魅力深深地吸引了巴鲁克。因此，二人在事后成为了非常要好的朋友，他们的友谊一直持续到莱恩先生去世。

巴鲁克在金融业摸爬滚打这么多年，不仅积累了许多经验，还结交了很多业内朋友。此时，巴鲁克的事业已经如日中天。巴鲁克在回想1897年自己第一次赚大钱的情景时（因为投资美国炼糖业而赚到了人生中的第一桶金——6万美元的时候，兴奋地不得了），觉得自己当时真的很幼稚，很可爱。

巴鲁克在帮助莱恩先生达到目标之后，为他所在的豪斯曼公司赚到了15万美元的劳务费，此时的他不仅自身变得成熟，就连自己在公司的股份分成也发生了变化，由原来的八分之一变成了三分之一。这意味着，巴鲁克在这次任务之后得到了16万美元的薪金。

此时的巴鲁克还不过是一个29岁的年轻人，他凭自己的才智和能力向全世界的年轻人说明了一点：年轻就是财富，只要有恒心，只要有目标，只要有毅力，一切困难在你面前都不算什么。巴鲁克是一个非常有魄力有雄心的年轻人，他不满足于自己目前的小成功，他所追求的梦想是要成为整个华尔街最年轻有为的百万富翁。

第四章 股票领域的跌宕起伏

1. 失败的"威士忌"投资

1899年，巴鲁克由于犯了一个非常愚蠢的错误，把自己赚得的辛苦钱全部赔了进去。

巴鲁克在完成几次漂亮的任务之后，赚了不少钱。虽然在投资交易时巴鲁克总是小心谨慎，但是也会有出现疏漏的时候。有一次，巴鲁克拿着自己赚来的钱兴致勃勃地到纽约的一个股票交易市场买了一个股票交易席位，与上次他给哥哥哈迪买的交易席位相比，这次的价钱要高一倍。但是，此时的巴鲁克已经完全不用为这点小钱而烦恼。

巴鲁克对这个新买来的交易席位寄予很大的希望，一想到大笔大笔的钞票就要装到自己的钱包里就兴奋不已。此时的他完全沉浸在喜悦之中，万万没有想到失败马上就要降临到他的头上。

巴鲁克这次选择投资的对象是美国最大的威士忌酒生产公司——美国酿酒公司。

巴鲁克在之前打了几场"胜仗"之后，在投资方面对自己充满信心，心里难免有些放松。因此，这次决定投资美国酿酒公司，他没有经过细致周密的调查，也没有分析当时的股票走势，他只凭这家公司是美国最大的烈酒酿造商和销售商这一条原因就盲目地进行了投资。在金融投资业，轻率的决定注定会给他带来沉痛的打击。

一开始，巴鲁克就被美国酿酒公司股票走势的表面现象欺骗了，再加上当时许多业内人士的议论：他们听说，这家酿酒公司不久之后将会和其他3家实力雄厚的酿酒企业合并。这一说法使得巴鲁克更加心动了。就在巴鲁克摩拳擦掌准备投资该企业的时候，巴鲁克又从莱恩朋友的口中得知，莱恩也会购买大量美国酿酒公司的股票。巴鲁克在没有求证的前提下，轻信了这些信息。就这样，巴鲁克将他这些年所有的积蓄都购买了美国酿酒公司的股票。

此时的巴鲁克，一心只想再次享受胜利的喜悦，将之前他因为此类事情而失败所总结的经验教训全部忘在了脑后。然而，等待他的不是大把的金钱，而是又一次沉痛的教训：美国酿酒公司没有和所谓的三大酿酒企业合并，股票价格在巴鲁克买入之后立即下跌，巴鲁克这次可谓是输得干干脆脆。

这次的失败后果非常严重，可以算得上是巴鲁克一生中最失败的一件事。巴鲁克犯了一个非常低级的错误，以至于他自己都无法原谅自己。

巴鲁克在赔掉了所有积蓄之后，将这个消息告诉了妻子安妮。他内疚地对安妮说："亲爱的，我将咱们这几年的积蓄全输掉了。"安妮听到这个消息之后非常平静，她没有生气，更没有责备巴鲁克，因为在他们结婚之后，类似于这样的事情经常发生，安妮对此已经习以为常了。

充满自责与羞愧感的巴鲁克来到莱恩的办公室，他把自己的遭遇告诉了莱恩，并且用关心的语气对莱恩先生说："听说这次您也大量地买入了那只股票，您……"

"我怎么了？谁告诉你我也买那只股票了？我和你亲口说过吗？"

"没有，但是，我是从您的一个朋友那里得知的消息。"

"千万不要理会我向其他人讲的话。很多人都没有权利从我这得到答案，但是你有，可是你却没有用这个权利。"莱恩先生语重心长地对巴鲁克说。

这次失败虽然损失了很多金钱，但是对巴鲁克来说也未必就是一件坏事。在失败中，巴鲁克学到了很多东西：人不应该被胜利的喜悦冲昏头脑，胜利只是一时的，不是一世的，要想抓住打开胜利大门的钥匙，必须时时刻刻保持冷静的头脑，能够冷静客观审慎地看待问题。

2. 东山再起

在投资美国酿酒公司失败之后，很长一段时间内，巴鲁克都被失败的阴影笼罩着。有时，灰心丧气的他还会怀疑自己的能力，他心里想："以往的成功是否是凭自己的实力获得的？自己是否真的适合干投资这一行？"

大家都知道"骄兵必败"和"失败是成功之母"这两句话。巴鲁克用自己的经历，真实地演绎出这两句话所蕴含的道理。

巴鲁克并不是一个经受不了打击、脆弱不堪的人。在金融投资这个刺激冒险的王国里，久经沙场的巴鲁克早已练就一副铜筋铁骨。虽然，在失败后失落过，气馁过，但是，巴鲁克很快调整好自己的心态，他暗自下定决心：在哪里摔倒，就一定要在哪里爬起来。终于，在一次交易中，巴鲁克为自己重新挽回了颜面，找回了自信。

按照巴鲁克自己的说法，给他带来转机、让他获得重生的人就是纽约州前州长罗斯威尔·弗劳尔先生。

罗斯威尔·弗劳尔先生与股市的渊源极深，我们可以说罗斯威尔·弗劳尔先生就是股市的先驱。

弗劳尔先生从一开始就对股市充满了信心，他认为持股人应该主动担负起振兴股市的责任。弗劳尔先生在早期还大胆地提议，建立一个永久兴盛的股票市场。

作为一名股票投资人员，巴鲁克对这位元老级的人物非常感兴趣。此时的弗劳尔先生已经掌管了布鲁克林捷运（BRT）公司。由于弗劳尔先生在金融投资领域具有非常大的影响力，他接手后的布鲁克林捷运公司的股票价格出现了巨大的转机：股票价格从一开始的20美元每股，一下子升到了75美元每股，接着又涨到了125美元每股，弗劳尔先生成功地创造了股票界的奇迹。

天有不测风云，就在布鲁克林捷运公司的股票涨到137美元每股的时候，股票价格突然开始下降。这是因为，在1899年5月11日的晚上，股市的先驱者弗劳尔先生不幸逝世了。老先生因心脏病去世的消息，在当天晚上10点钟左右就传遍了整个股票界。

弗劳尔先生创造了股票界的神话，他去世了之后，股票市场陷入了萎靡状态，股票价格也开始狂跌不止。这是因为，离开了弗劳尔先生关照的那些公司，就像失去了亲生父母一样的孩子，它们突然没有了依靠，失去了主心骨让它们一下子变得盲从而又不知所措。

拯救股市的大潮来临了，在一些大公司的共同努力之下，之前一直下跌的股价开始有了一点儿起色。布鲁克林捷运公司已经下跌至100美元的股价渐渐地又恢复到了每股115美元。

巴鲁克先生此时在做什么呢？作为一名出色的股票投资者，巴鲁克不会放过任何一个赚钱的好机会。在上次盲目投资失败之后，巴鲁克变得成熟了许多，他细心地观察了股票市场的走势，对周围的一些大公司也做了准确的评估。最后，他以自己多年的经验，看准时机，随时把握股市动态，他不仅在布鲁克林捷运公司股价上升时赚到不少钱，就连在股价平稳之后，他也能抓住时机赚到钱。

弗劳尔先生去世之后，布鲁克林捷运公司的股价一直跌跌撞撞，处于不稳定状态。在众多大型公司出手挽救之后，布鲁克林捷运公司又再度遇到了麻烦，公司的股价又开始下滑。

巴鲁克在关注弗劳尔先生时，就对布鲁克林捷运公司有了非常详细地了解。细心的巴鲁克准备抓住这个大好时机，趁着布鲁克林捷运公司股价下滑时再狠狠地赚上一笔。

　　事情的发展趋势就像都掌握在巴鲁克的手心当中一样，没有一点出乎巴鲁克的预料。在股价跌至每股100美元时，如果继续跌下去，那么就会超出这家公司所能承担的最低限度。这时，I.S.沃姆瑟尔公司合伙人的儿子——艾里·沃姆瑟尔提出了一个可行的办法：那就是以100美元的价格买入2000到3000股布鲁克林捷运公司的股票。

　　艾里·沃姆瑟尔的提议正符合巴鲁克的心意，巴鲁克强烈地感觉到赚钱的大好时机来临了。巴鲁克想把自己手中的股票卖给艾里·沃姆瑟尔，但是巴鲁克的持股量非常小，他必须向其他持股者借来缺少的那部分股票才可以。然后等自己以更低的股价买入时，再偿还借来的那部分股票。巴鲁克眼光独到并且目光长远，他以自己的方法在这场交易中轻轻松松地就赚到了6万美元。

　　巴鲁克在这次投资交易中重新认识了自己，看到了自己的价值，找回了失掉的自信，挽回了自己的颜面，又重新站在了有钱人的行列。同时，巴鲁克再次体会到了时机对于投资的重要意义，用巴鲁克的话说："选对了时机，就等于抓住了胜利！"

3. 卖空联合铜业股票

　　巴鲁克喜欢在工作之余到一家叫沃尔夫道的酒吧喝点小酒。这家酒吧与其他酒吧不同，里面的气氛非常优雅，灯光非常柔和，特别适合巴鲁克在精神紧张的情况下过来放松放松。

一天下午，巴鲁克拖着沉重的身体来到了沃尔夫道酒吧放松心情。一进门，他看到了当时一位非常有名的咖啡商——赫尔曼·希尔肯先生。

提起这位赫尔曼·希尔肯先生，他在咖啡业可算得上是一位举足轻重的人物。这个人，中等身材，微微发福，头发可能由于工作劳累的原因而所剩无几，最引人注目的是他那一双目光犀利的眼睛。

由于之前巴鲁克与赫尔曼·希尔肯先生合作过，两位老朋友在沃尔夫道酒吧不期而遇非常开心。据巴鲁克所知，赫尔曼·希尔肯先生不仅善于经营自己的咖啡企业，还是一位非常了不起的股票投资专家。由于赫尔曼·希尔肯先生不指望在股票投资方面赚到大钱，所以很少人了解赫尔曼·希尔肯先生有这方面的才能。

两位老朋友一边喝着小酒，一边聊着当时的股票市场。不知怎么就聊到了制铜业。说起制铜业，赫尔曼·希尔肯先生非常感兴趣。在闲暇时间，他经常看报纸关注制铜业的发展趋势。关于制铜业，赫尔曼·希尔肯先生发表了他的见解："虽然市场上有很多铜，但是铜的价格依然很高，这是因为过多的人在疯狂地收购铜。由于大量的铜都集中到了市场上，出口国外的铜就所剩无几了。我觉得，联合铜业公司为了提高铜价所做出的努力将会白费。"

赫尔曼·希尔肯先生之所以和巴鲁克说这些话，是因为赫尔曼·希尔肯先生对此做了周密的分析，并且看清了制铜业大亨所使用的伎俩：野心勃勃的美国联合铜业公司想效仿美孚石油公司，通过联合铜业控制美国整个制铜业。一开始，他们收购了一些制铜公司，然后立刻发售股票。到1901年的6月份，他们已经把股票的价格从100美元提到了130美元。赫尔曼·希尔肯先生以他多年的投资经验认为，这次股价过高完全是联合铜业公司的发起人一手操控的。

巴鲁克听了赫尔曼·希尔肯先生如此详细的解说，对美国联合制铜业也有了进一步地了解。但是，此时的巴鲁克已经31岁了，他在心智上更加老练。再加上上次因为轻信别人的话而造成了巨大的损失，巴鲁克决定亲自去考察一下，用有力的实证来说话。

经过巴鲁克的细心观察，他发现赫尔曼·希尔肯先生之前对他说的话全部应验了。就在这个时候，发生了一件不幸的事情：威廉·麦金莱总统在参加泛美展览会时突遭枪击，虽然及时送入医院，但是情况非常危险。发生这种事情对美国的投资业造成了很大的影响，这一切条件都给美国联合制铜业带来了危机。

巴鲁克看准时机，果断做出了卖空联合制铜公司股票的决定。虽然巴鲁克在之前对美国联合制铜业有过详尽的考察，一切条件也都预示着该公司的股票即将下滑，但是美国联合制铜公司毕竟是实力非常雄厚的美孚石油公司出资组建的，而且，该公司的幕后存在着一批投资精英在为之出谋划策。就连巴鲁克非常敬仰的莱恩先生也买入了这家公司大量的股票。巴鲁克经过深思熟虑之后，决定跟着自己的感觉走，他排除了各方面的巨大压力，毅然决然地坚持了自己之前的打算。

就在巴鲁克开始卖出制铜业的股票时，传出了总统麦金莱先生因为治疗无效而逝世的消息，这个消息虽然让作为国民的巴鲁克很悲伤，但是这个消息从另一方面更坚定了巴鲁克卖空股票的决心。

在巴鲁克卖出股票时，美国联合制铜公司在股价方面还没有出现什么明显的问题，所以美国联合制铜公司的一些重量级人物以及一些看好该公司的投资者看到巴鲁克做出这种行为不仅表示难以理解，还向巴鲁克表示强烈的不满。莱恩先生出于对巴鲁克的担心，对巴鲁克说："巴鲁克先生，您这是怎么了？难道您不担心那些企业大腕让您好看吗？"

巴鲁克没有听莱恩先生的劝告，微笑着回答："没关系，我不担心这些，我深信美国联合制铜公司的股票价格一定会大跌的。"

9月19日是为总统麦金莱举行国葬的日子,在第二天,美国联合制铜公司的股票价格一路上涨。看到这种情况巴鲁克并不担心,因为巴鲁克深信,这只是股价下跌之前的假象而已。

正如巴鲁克所料,9月21日那天,巴鲁克预测的事情发生了。美国联合制铜公司的股价一个上午就跌了大概7美元。看到这种情况,巴鲁克为自己当初的坚持而兴奋不已。

就在巴鲁克想放手大干一场的时候,接到了母亲的电话。由于巴鲁克一家是犹太人,而在新年过后的第十天是犹太人一年中最重要的日子,所以巴鲁克的母亲打来电话,特意提醒巴鲁克回家安安静静地过完这个赎罪日。巴鲁克不仅是一个工作狂,更是一个孝顺的儿子,于是听从了母亲的话准备回家过节。

但是,作为一名出色的投资者,巴鲁克也绝不会轻易放过类似这样的好机会。巴鲁克在回家之前做好了周密的安排。首先,他委托他的卖空经纪人继续做手头上的工作,为了做到万无一失,他又找来了另一位经纪人——哈里·廉登特,巴鲁克让他密切关注美国联合制铜公司,一旦公司的股票涨到某一个价位的时候,就开始大量买入,以确保自己不受到任何损失。

做好完备的布置之后,巴鲁克带着妻子、孩子一起到新泽西的南埃尔北仑的度假屋去过节。临走之前,巴鲁克多次叮嘱公司成员:"千万不要给我打电话,一切都要按我说的来。"巴鲁克虽然已经做好了周密的部署,但是走之前还是有些担心。到达新泽西的南埃尔北仑的度假屋之后,巴鲁克并没有安静下来,公司的电话一个接一个地打过来。巴鲁克非常担心公司那边的情况,特别想接听公司打来的电话,但是最后巴鲁克经受住了考验,一通电话也没有接,成功地过完了自己的赎罪日。

出于对公司那头投资案件的担心,巴鲁克过完赎罪日之后立即返回了公司。星期一那一天,美国联合制铜公司最初以100美元开盘，就在一个小时之内股票价格跌了两点。之后不久又出现了短暂的反弹，但是在反弹之后，股价就一直没有起色，而且越跌越厉害。看到这种情况，巴鲁克暗中庆幸，觉得是赎罪日帮助了自己。如果当时没有离开纽约，情况就大不同了。

巴鲁克的好运一直伴随着他左右，在此后的一年中，美国联合制铜公司的股票价格不仅一直没有回升，还跌得越来越厉害。在12月的时候，股票价格已经下降到了60美元。巴鲁克在这次投资中痛痛快快地赚到了一笔大钱。据巴鲁克自己说，就连他自己都不记得是在什么时候把股票全都卖出去的。总之，巴鲁克在这次投资交易中通过卖空股票的方式成功地赚到了70万美元。可以说，这是巴鲁克在进入投资业这些年中赚得最多的一次。

善于总结的巴鲁克喜欢在每次投资之后都做一次全面而深入的总结：最终能成功地完成这次任务，巴鲁克认为存在两条非常主要的因素：一个是巴鲁克听母亲的话离开纽约去过赎罪日，另一个则是美国联合制铜公司违背了自己的生意原则。这二者对巴鲁克的成功缺一不可。

巴鲁克在投资界所做的几次大动作都非常漂亮，他聪明的头脑、丰富的经验、准确的判断力都得到了业内人士的肯定与称赞。从此，巴鲁克这个名字越来越响亮，豪斯曼公司的牌子越来越亮。

总结一下31岁之前巴鲁克所做的几件大事，我们能够看出：无论是投资威士忌酒失败还是投资联合制铜公司成功，对待信息的态度是非常重要的。在投资威士忌酒时，巴鲁克轻信了别人的信息，最终导致自己惨败；投资联合制铜公司，面对别人告诉自己的信息，巴鲁克采取了先听后考察的态度，最后赚到了一笔大钱。事实上，如果要想成为一名优秀的股市投资者，就必须保持清醒的头脑，有自己的主见，而且不能懒惰，凡事都要通过亲自调查分析之后再做决定。

4. 股市里有没有预言家

巴鲁克在股市摸索了这么多年,各种情况他几乎都见识过了。成熟老练的巴鲁克总结经验:"看待内幕消息就是要把它一分为二,如果是真的内幕消息,它可能会帮助投资者轻松赚到大钱;但是还有一些别有用心的人在制造一些虚假的内幕消息,听了这些虚假消息的投资者的后果就可想而知了。"

1901年的一天,一位名叫哈利·威尔的年轻人来到巴鲁克的办公室,他此行的目的是向巴鲁克推销自己刚刚成立的一家名为联合香烟零售连锁店的股票。为了成功说服巴鲁克,哈利·威尔详细地介绍了自己公司的情况,并且分析了当前股票市场的走势,他非常有诚意地向巴鲁克提出了相当可观的收购价。但是,由于莱恩先生的强烈反对,最终巴鲁克还是谢绝了哈利·威尔先生的提议。

就在哈利·威尔先生与巴鲁克谈话过程中,不经意间两个人谈到了北方太平洋铁路公司。这是一家非常具有传奇性的公司,巴鲁克曾经特别关注过该公司的发展状况:1895年,该公司的股票价格是每股2.5美元,但是3年之后,这家公司的股票价格一下子涨到了每股19美元。哈利·威尔先生见巴鲁克对北方太平洋铁路公司如此感兴趣,便提起了他手中还持有该公司的5000股股票。虽然巴鲁克认为这个数量非常可观,但是威尔提出的每股100美元的出手价还是有些高。

办事一向非常稳重的巴鲁克为了征求一些专业意见,给北方太平洋铁路公司的总裁查理斯·S·梅仑先生打了个电话。在与查理斯·S·梅仑先生的交谈中,巴鲁克发现他们俩的观点是一致的。

另外，查理斯·S·梅仑先生还向巴鲁克透露他自己已经做好了卖出手中所持有的2500股该公司股票的准备。通完电话，巴鲁克将自己与查理斯·S·梅仑先生的看法告诉了威尔先生。威尔了解了这两位在投资界非常有权威的人的想法后，自己没有多加思考，在北方太平洋铁路公司股价达到每股102美元的时候，将自己所持有的股票出手了。

投资就好比赌博，赌场上没有永久的赌神，股市上也就没有真正的预言家。就在威尔先生将自己所持有的5000股股票出手之后，北方太平洋铁路公司的股价突然飙升，达到了每股1000美元，北方太平洋铁路公司打破了以往的纪录，创造了新一轮的奇迹。可怜的威尔先生在这次投资之中损失惨重，据他自己估计，他在巴鲁克和查理斯·S·梅仑先生的误导下损失了大约250万美元的收入。

巴鲁克的错误信息，致使威尔先生损失惨重。但是巴鲁克自己却因为投资太平洋铁路公司赚到了不少钱。

在1903年的金融危机来临之前，美国的股市一直处于繁荣状态。人们认为，美国股市之所以会出现一片繁荣的景象是与一位传奇人物有着密切的关系。他就是北方太平洋铁路公司和大北方公司的总裁詹姆斯·J·希尔先生。詹姆斯·J·希尔先生一生都在从事铁路建筑事业，平时根本就不参与任何投机的事情。据他自己说："在我的一生当中，从没有以赌博或者投机为目的买过任何一只股票。"

不参与投机事业不代表不关注股市行情。正是这位细心的不喜欢投机的人发现了北方太平洋铁路公司股票发生了异常波动。面对北方太平洋铁路公司股票价格异常高升的局面，他心有疑虑，决定亲自赶往纽约探查个究竟。在深入调查过程中，头脑聪明的詹姆斯·J·希尔先生明白了其中的原委，造成太平洋公司股价持续高升的原因可能是有人在幕后以高价收购这个公司的股票，而这个人就是E·H·哈里曼先生。

谈到哈里曼先生,其实他和希尔先生不仅是同行还是非常要好的朋友。在铁路建筑业内,哈里曼先生也是名动一时的大人物。虽然哈里曼与希尔关系不错,但是哈里曼与希尔的投资人J·P·摩根的关系就不容乐观了。其实,在收购北方太平洋铁路公司股票的争斗战中,真正的较量来自哈里曼与摩根。

为了给北方太平洋铁路公司提供能够通往芝加哥的铁路交通运输线,公司的负责人希尔和他的投资人摩根发动了一场铁路联盟行动,顺利地收购了芝加哥的伯灵顿铁路公司。希尔的行动使哈里曼的心痒痒的,他也同样想为自己的联盟太平洋公司设立一个铁路运输终点站。于是,哈里曼向好友希尔提议:他想收购伯灵顿公司三分之一的股份。哈里曼的无理要求无疑遭到了希尔与摩根的拒绝。固执的哈里曼见自己的提议被拒绝,于是想出了一个办法,那就是大量购买北方太平洋铁路公司的股票以达到最后收购伯灵顿公司的目的。

精明的希尔通过到纽约暗中考察,及时地发现了哈里曼的目的。于是,希尔联系哈里曼,准备与哈里曼好好商谈。此时的哈里曼与自己的投资人杰克伯·斯奇夫已经做好了准备,正等着希尔的到来。见到希尔之后,哈里曼开门见山地说:"老朋友,目前的形势我想你已经了解了,现在我们三人的持股量已经完全可以控股北方太平洋铁路公司了,你加入我们,甩掉那个讨人厌的摩根吧!"

"伙计,你的提议太可笑了,你认为我会答应么?"

两人谈话之后,双方的局势已经非常明朗了:希尔和摩根对抗哈里曼与杰克伯·斯奇夫。

两方的战争就这样开始了,从实力上看,哈里曼这头略胜于希尔那边。因为,哈里曼在美孚石油公司的帮助下,吃尽了1.55亿北方太平洋铁路公司的普通股和大量的优先股。另外,由于哈里曼出高价买进北方太平洋铁路公司的股票，希尔的投资人摩根家族中有一部分人禁不住金钱的诱惑，将手中持有的北方太平洋铁路公司股票以高价卖给了哈里曼，无形当中成了哈里曼的援兵。所有的情况都表明：哈里曼掌控北方太平洋铁路公司的目的指日可待。

人一旦开始洋洋得意，就会放松警惕。哈里曼也不例外，就在他沉浸在即将到来的喜悦中时，他忽略了一个非常重要的事实：他持有的北方太平洋铁路公司的股票当中，普通股的占有量非常少，这一点就能导致他不能获得对该公司的绝对控股权。另外，如果该公司的股东们在1902年1月1日利用投票的方法把他们手中所拥有的优先股退出交易，那么哈里曼即使在优先股上占有优势，最终也会于事无补的。

哈里曼被自己设想的大好前景冲昏了头，当他清醒过来之后，事情已经无法挽回。焦头烂额的哈里曼给投资人杰克伯·斯奇夫打电话，让他立即大量购买北太平洋铁路公司的普通股，通过这个方法使自己在普通股占有量上占得优势。但是，哈里曼万万没有想到一件事，他的投资人是一位虔诚的犹太教徒，打电话的那天正好是犹太教的安息日，哈里曼的投资人不想破坏自己当天的休息安排，于是，擅自决定次日再执行哈里曼的决定。

杰克伯·斯奇夫安静地过完了自己的安息日，但是他的决定可害苦了哈里曼。哈里曼收购伯灵顿铁路的计划就这样像泡沫一样破灭了。摩根和希尔最终赢得了这场战役的胜利，实现了控制伯灵顿铁路的目的。

谈了这么多关于希尔和哈里曼的事情，那么，咱们的巴鲁克先生到哪里去了呢？

在当时整个投资交易圈子中，巴鲁克的耳朵也算得上是非常灵敏的，对于希尔和哈里曼发生的这场控股权大战他早有耳闻。

巴鲁克从做学徒的时候就养成了一个好习惯，他每天在闲暇的时候都会到当地的证券交易市场溜一圈。他这么做可不是为了放松心情，更不是为了锻炼身体，他的真正目的是对纽约和伦敦两地的股价进行对比。细心的人会发现，很多时候，同一只股票在纽约和伦敦的报价是截然不同的。在这种情况下，投资者可以通过很好地处理两地股价的关系，从中获利。

像往常一样，巴鲁克来到证券交易市场。在交易市场这么多年，他结交了很多人。其中一位就是证券交易所的董事——泰尔伯特·泰勒先生。每次来到交易所，他们俩都会谈论一些股市行情。这次也不例外，在与泰尔伯特·泰勒先生交谈时，巴鲁克关切地说："多留意一下北方太平洋铁路公司，我们完全可以在伦敦以较低的价钱买入这家公司的股票。"

"这么说来，巴鲁克你有什么计划？"

"是的，我准备在伦敦以低价买入，在纽约以高价卖出，从中赚得一些套利利润。"

"朋友，如果我是你，我就不会这么做。"

泰尔伯特·泰勒似乎在告诫巴鲁克，但是又没有说明具体原因，巴鲁克也没进一步追问。因为在这个圈子里，如果别人想和你说，自然就会说明，否则继续问下去也没有用。

由于两个人经常在一起讨论事情，出于平时的交情，巴鲁克对泰勒说："伙计，我已经从伦敦买进了低价的股票，如果你需要的话，我可以卖给你一些。"

泰勒见巴鲁克如此真诚地对待自己，悄悄地把巴鲁克带到了一个没人的地方，低声地对巴鲁克说："出于咱们俩多年的交情，我告诉你一个秘密。我的岳父就是摩根的代理人，现在希尔和哈里曼两方都在争夺对北方太平洋铁路公司的控股权，而且事情已经发展到了白热化的程度，你不要现在就卖空这只股票，不久，这只股票就会涨价的。如果我什么时候需要这只股票，你一定要给我现货，我可以以你设定的价格再高一些买入。"

在得知泰勒的消息之后，巴鲁克反复思考了整件事情。基于巴鲁克对泰勒多年的了解，他觉得这个内幕信息非常可靠。但是，之前发生过因为轻信别人的话而造成巨大损失的事情，巴鲁克决定还得在自己亲自考察之后再做打算。巴鲁克为此做了周密的安排：首先，在拥有之前购买的大量北方太平洋铁路公司股票的基础上，他不会再继续空头购买该公司的股票了；其次，在北方太平洋铁路公司股票价格下滑之前，将其他公司的股票以卖空的方式售出。巴鲁克除了做了以上两项准备之外，还设想过好多种情况。总的来说，如果能够按照巴鲁克自己的办法行事，赚到一大笔钱是毋庸置疑的。

股市的发展完全按照巴鲁克的预测进行着。这也证明了泰勒给巴鲁克的消息是真实的。北方太平洋铁路公司的股票价格在两家的激烈争斗中迅速上涨，上涨的幅度远远超过了希尔和哈里曼的预测。巴鲁克对此种情况做了透彻的分析：一些不知道内幕的投资者就像之前的巴鲁克一样，他们认为北方太平洋铁路公司的股票在涨到一定程度时，就像一条达到顶端时的抛物线，一定会停止增长。于是，人们纷纷出售手中的股票，等待股票价格降低时继续以低价买进，弥补空缺。

巴鲁克掌握了整个北方太平洋铁路公司争夺控股权的实质。在这场战争中，真正的胜利者不是希尔而是巴鲁克，巴鲁克在这场投资交易中又狠狠地赚了一笔。

说完巴鲁克，我们再回过头来看看在这场战斗中争得你死我活的双方——希尔和哈里曼。由于股价飞速上涨完全超乎了他们的预料，致使他们在整个争斗中两败俱伤。最后两方休战达成协议：摩根负责组成北方太平洋铁路公司下一届的董事会，哈里曼必须是董事会的成员之一；哈里曼也会在伯灵顿公司的董事会上占有一席之地。

这次的收购争夺战以双方最终达成协议而告一段落。巴鲁克成了最大胜利者。在胜利之后,巴鲁克做了总结:股票市场处处存在着危机,得知内幕消息之后,一定要亲自确认信息的真伪。不要盲目地对股市进行判断,因为股市就像赌场一样,风云变幻不定。

5. 华尔道夫的有名人物

美国华尔道夫大饭店闻名于世,该饭店位于美国纽约曼哈顿第五大道49-50街,一共拥有42层楼,是目前世界上最高雅最豪华的五星级饭店之一。

阿斯特家族的掌门人约翰·阿斯特是19世纪80年代公认的最有钱的美国人,阿斯特家族的财产继承问题成为大家关注的话题。据说,阿斯特家族的掌门人约翰·阿斯特在临终前立下遗嘱,他将家族所有的财富都留给了自己唯一的儿子威廉姆·华尔道夫·阿斯特。在遗嘱中,老阿斯特还特别叮嘱儿子要建一座专门为富人服务的饭店。

威廉姆·华尔道夫·阿斯特继承遗产之后,为了实现老父亲的梦想,花巨资在纽约曼哈顿第五大道建起了一座豪华的饭店。饭店一开业生意就特别红火,得到了许多富人朋友的支持。由于生意特别兴隆,威廉姆·华尔道夫·阿斯特的表弟约翰·雅各布·阿斯特在这家饭店的隔壁也开了一家类似的饭店。两家饭店离得非常近,又是具有血缘的两兄弟一起开的,所以渐渐地,人们便把两家饭店看成了一家饭店,也就是后来的华尔道夫饭店。

华尔道夫饭店室内装潢华丽,服务质量又高,在当时,许多美国政界人士都来这里议谈。除了政界人士之外，许多商界的大亨也常来这里光顾。时间久了，华尔道夫饭店的名声越来越大。于是，这里挤满了各色各样的所谓的"富人"。在众多富人当中，巴鲁克对艾迪·沃瑟曼先生最感兴趣，因为在巴鲁克看来这个人是一个出了名的好人。但是人无完人，艾迪·沃瑟曼先生身上也存在着一个毛病，那就是喜欢吹嘘自己交易操作的规模。

有一天，艾迪·沃瑟曼先生又犯了老毛病，他故意走到当时华尔街最精明的股票交易员雅各布·菲尔德身边，傲慢地说："伙计，你能猜出我今天一共做成了多少交易吗？"像这样的问题艾迪·沃瑟曼先生会经常询问别人。因此大家在遇到这类事情时也就都习以为常了。

华尔道夫饭店以"为富人服务"的口号招来了众多有财更有才的人。在这些人中，只有3个人让巴鲁克敬佩，他们就是詹姆斯·基恩、"钻石吉姆"布拉迪和约翰·盖茨。

在巴鲁克眼中，詹姆斯·基恩是一个真正的股市操盘奇才，巴鲁克曾称基恩为"华尔街巫师"。为什么巴鲁克对基恩的评价如此之高呢？因为基恩曾应摩根的要求对美国钢铁公司的做市进行过完美的操作。所谓的做市就是指投资者针对某一具有实力的股票，人为地制造股票交易量膨胀，其目的就是为了吸引更多的投资者加入。

巴鲁克在认可基恩的工作能力之外，对基恩的人品也给予很高的评价。巴鲁克本人就从基恩身上学到了许多做人的道理。巴鲁克曾经这样说过："与我认识的任何人相比，基恩总是会更加小心谨慎，而执行计划时又更为迅速，更为坚定。只要他认定的事情，他都会耐心地行动，从他的操作过程中，让我知道了应该如何做人。"

有一次，基恩应美国科达奇公司总裁的要求，为他们公司的股票进行做市操作。在操作过程中，基恩突然意识到这家公司的盈利与预期不符，根本不能合理进行做市操作。基恩凭借多年的经验和办事原则，果断地停止了对该公司的股票买入行为。与此同时，基恩还把以他为代表的合资操作者已买入的股票也卖了出去。在处理整件事的过程中，基恩一直以他人为中心，在卖出其他人的股票之后，他才解决自己的问题。在股票交易中，最讲究的就是速度，基恩能够做到先人后已，就说明他具有很高的职业道德。

值得巴鲁克敬佩的另外一个人是"钻石吉姆"布拉迪。与基恩不同，布拉迪吸引巴鲁克的理由在于，布拉迪非常在意自己的穿戴，每次出行都把自己打扮得光鲜亮丽。但是吸引巴鲁克的绝不仅仅是布拉迪光鲜的外表，布拉迪身上有着一种特殊的气质，他总是以一种和蔼可亲的做人态度对待每一个人。而这才是巴鲁克欣赏布拉迪的真正原因。

这位"钻石吉姆"非常有趣。每次出现在公共场合，他都会穿上自己最正式的服装，打着漂亮的领结，并且身边总会带着一位打扮入时的美丽女郎。人们总结，正装和美女是布拉迪出行时必不可少的装备。据巴鲁克所言，这位"钻石吉姆"还有一个特点，那就是食量大得惊人。

有一次，巴鲁克带着妻子来到布拉迪家中欣赏珠宝，结果巴鲁克得到了一个意外的收获，那就是在晚餐中得到了布拉迪殷勤的款待，这也是巴鲁克人生中最值得回忆的一次晚餐。也就是在那次晚餐中，巴鲁克发现了布拉迪食量大的特点。布拉迪在招待巴鲁克吃晚餐之前就已经用过餐了，但是在与客人同桌进餐时，巴鲁克发现布拉迪吃的东西远远超过了他和妻子两个人的食量。从此，巴鲁克抓住了布拉迪的"把柄"，经常拿食量大这个话题笑话布拉迪。布拉迪则会很风趣地对巴鲁克说："有个家伙要跟我打赌，说比我食量大。我在下注前问他能吃几个火腿。"

与前两个人相比，巴鲁克欣赏的第三个人——约翰·盖茨在性格上有着明显的特点。可以这么说，吸引巴鲁克的就是约翰·盖茨张扬的个性以及他那无所畏惧的勇气。巴鲁克曾经这样评价过约翰·盖茨："他拥有一个成功赌徒的所有特性。可以说，他浑身是胆，有勇有谋，面对任何险情都能保持冷静的头脑，没有丝毫的胆怯与不安。在他粗糙的外表之下隐藏着的是他的冷静、机敏以及观察事物本质的洞察力。"

约翰·盖茨身上所具有的优秀品质深深地吸引着巴鲁克，能够与这样一位无论是在工作上还是在生活上都非常精明的人打交道，巴鲁克认为这是对他自己的一种勉励。

第五章 真正的投资商

1. 童年的梦想

巴鲁克的童年，大部分时间都是在他的外祖父家中度过的。外祖父非常疼爱巴鲁克，经常带着巴鲁克到外面玩耍，而他们最喜欢去的地方就是外祖父家后面的那条古老的铁路。每当火车从巴鲁克面前经过时，他都会调皮地向火车的车厢扔小石子，等火车轰隆隆地开过之后，年幼的巴鲁克就会拉着外祖父的衣服，焦急地等待下一趟火车的到来。

童年的记忆是模糊的。但是，巴鲁克清晰地记得当时小小的他心中有一个愿望：希望长大后能有一条属于自己的铁路。

童年的梦想一直装在巴鲁克的脑袋里，随着巴鲁克在金融投资业的名气越来越大，赚的钱也就越来越多。此时的巴鲁克觉得自己已经有足够的能力来实现自己童年的梦想——收购一条铁路的控股权。

为了实现自己的梦想，巴鲁克开始关注铁路公司的股票。1901年的一天，巴鲁克的眼睛一亮，他发现了一家完全符合自己要求的铁路公司的股票。欣喜过后，巴鲁克对这家铁路公司做了周密的调查，他发现这是一家非常有潜力的公司，如果能够拥有这家公司的控股权，那么不仅儿时的梦想能够实现，还可以赚到一大笔钱。

巴鲁克看好的是一家叫路纳的铁路公司，这家铁路公司的持股人是一个非常有名的外国家族——罗斯柴尔德家族。据考察，这个家族本不是做铁路生意的。在美国经营这家铁路公司的奥古斯特·贝尔蒙先生对于铁路来说也是个外行人。出于这些原因，这家铁路公司的内部管理非常松散，以至于在当时整个纽约股票市场上，这家公司的股票价格是最低的。认清了这家铁路公司的实质之后，巴鲁克决定收购这家公司的控股权，要让这家铁路公司起死回生，发挥出本该属于它的潜力。

巴鲁克既然下定了决心就要采取行动。一开始，巴鲁克以100美元以下的价格买入了这只股票，但是慢慢地，巴鲁克发现如果全凭自己一个人的实力是不能实现对路纳公司的绝对控股的。要想实现自己童年的梦想就必须找到适当的合伙人。

在寻找合伙人时，巴鲁克脑海中首先想起的就是一个叫艾德文·霍利的人。巴鲁克之所以找他，是因为他是铁路方面的行家。与巴鲁克相比，霍利在铁路方面有着非常专业的知识和相当丰富的经验。霍利在铁路方面可谓是当时的"巨人"，他既是明尼阿波利斯－保罗铁路的董事长，也是依阿华中央铁路的董事长。有霍利的帮忙，巴鲁克收购路纳公司控股权的信心顿时大增。

除了有霍利助阵，巴鲁克还去找了其他几位朋友，向他们说明情况之后，希望他们同意帮助自己完成收购路纳铁路公司控股权的愿望。这些朋友在表示愿意帮助他完成心愿之后，纷纷采取了行动。其中有一位叫雅克·菲尔德的朋友一出手就买入了10000股路纳公司的股票。这位朋友在帮助巴鲁克的同时也不免存在一些私心。因为，当时很多人跟随巴鲁克一伙人大量买入股票，引起股票价格上涨，雅克·菲尔德则看出了其中存在的商机，希望能从中赚上一笔。雅克·菲尔德在股票价格涨到一定程度时果断地将手中的股票卖了出去，卖出的结果是不仅他自己赚到一笔大钱，巴鲁克还成了继罗斯柴尔德家族之外，路纳铁路公司最大的控股人之一。

巴鲁克的愿望不仅仅是成为路纳铁路公司控股人之一，他的目的是想亲自经营这家铁路公司，成为这家铁路公司唯一的控股人。这个目标很艰难，巴鲁克不得不继续努力。就在他四处寻找合伙人时，巴鲁克发现想吃路纳这块肥肉的人还真不少。这其中实力比较雄厚的公司主要有芝加哥的东伊利诺伊铁路公司和华尔街的那位令巴鲁克敬佩的约翰·盖茨。与这些人竞争，就意味着一场争夺路纳公司控股权的大战即将打响。

面对如此强劲的竞争对手，巴鲁克自身并没有什么信心打赢这场战争。但是巴鲁克不是一个人在作战，在他邀请来的那么多朋友当中有很多人都给他带来了实质性的帮助。其中，帮助最大的还要数霍利先生。

霍利先生就是巴鲁克的幸运星，有霍利先生在身边帮忙，巴鲁克的自信一下子树立起来了。但是，心思细腻的巴鲁克在接受霍利先生帮助的同时又疑虑重重。因为，一方面霍利和其他朋友的帮助能使他走出困境，实现经营一条属于自己的铁路的梦想。但是另一方面，巴鲁克还存在一些私心，他同样担心包括霍利在内的这些朋友的介入会打破他的梦想。巴鲁克处于矛盾之中，但是无论怎样，他都得先解决问题的主要方面，那就是打败他目前的竞争对手，实现控股的愿望。

巴鲁克一直对约翰·盖茨先生心存敬佩，就算身份转换了，巴鲁克也同样尊敬这样一位竞争对手。巴鲁克与约翰·盖茨先生的较量开始了。巴鲁克为了抢占先机，在交易市场买了2万股路纳铁路公司期权。巴鲁克之所以买期权是有原因的，那就是在买完期权之后，可以悄无声息地收购该公司的大量股票，而且运用这种方法还不会致使股价快速上涨。

巴鲁克采取行动之后，约翰·盖茨那边也在虎视眈眈。双方在实力上势均力敌，如果采取硬碰硬的办法，结果只能两败俱伤。如果想让事情有所进展，就必须采取和解的办法以便实现各自的目的。

有一天，巴鲁克和霍利先生来到专门为"富人"服务的华尔道夫饭店谈论收购事宜，发现不远处坐着的就是约翰·盖茨先生。巴鲁克认为和解的机会来临了，于是他对霍利说："朋友，我觉得咱们应该和他谈谈，看看他对双方和解是什么态度。"

"找他谈？能行得通吗？难道他没有单独控股的野心？"

"只有谈了之后才清楚他到底是怎么想的啊。"

"好吧，伙计。我试试吧！"

事情并不像巴鲁克和霍利想象的那么困难。当霍利把巴鲁克的想法告知约翰·盖茨之后，约翰·盖茨也说出了自己的态度。他并没有想要单独控股的想法，只是看到这条铁路的发展前景非常好，所以想利用这条铁路赚些钱而已。双方都表明了意见之后很友好地达成了共识：路纳铁路公司的控股权拿下之后，铁路的经营权交给霍利。这意味着，巴鲁克离他自己的愿望就只有一步之遥了。

就在巴鲁克即将实现儿时梦想的一刹那，幸运之神似乎偏离了他。由于路纳公司股票价格升得飞快，引起了摩根银行的焦虑。摩根银行不想因为路纳铁路公司出问题而使自己受到影响，于是，摩根银行的负责人找到了约翰·盖茨，他们希望以高价收购盖茨手中的股票。

盖茨之所以与巴鲁克发动这次争夺战，其主要目的就是赚钱。如果他同意了摩根银行的提议，那么他将很容易地就获得大量资金。面对这一巨大的诱惑，盖茨宣布投降。这就意味着巴鲁克与盖茨的合作从此作废，他掌控路纳公司的控股权的梦想也随之破灭。

俗话说："塞翁失马，焉知非福。"这句话真实地反映在巴鲁克的身上。虽然巴鲁克没有实现自己儿时的梦想，但是巴鲁克在这次交易中赚到了将近100万美元的巨款。在整个收购过程中，巴鲁克从他的那些朋友们身上学到了很多关于铁路方面的知识。与此同时，巴鲁克的身价飙升，他的名气响彻了整个华尔街。不少银行和保险公司来邀请巴鲁克做董事，可是都被巴鲁克一一谢绝了。因为没有任何人能够比巴鲁克自己还了解自己。巴鲁克深知，自己虽然在投资方面做得不错，但这并不代表自己也同样能够胜任银行或者保险公司的董事一职。在对自己进行正确定位之后，巴鲁克又满怀信心地准备迎接下一次挑战。

2. 做独立投资人

转眼间，巴鲁克迈入投资业，已经十多年了。巴鲁克经历了磨练之后，成为了一名出色的投资人。这十多年中，巴鲁克不仅收获了金钱还收获了名誉，在外人看来巴鲁克真的很成功很幸运。

但是，面对自己的成功，巴鲁克总觉得还少了点什么。具体少了什么他又说不上来。其实，在巴鲁克的心中，他一直渴望成为一名真正的投资人，而不是用别人的钱投资。这些年，他因用别人的钱投资，给别人提供意见而承受着巨大的心理压力，整天提心吊胆的，他觉得自己太累了。巴鲁克受够了，于是他要改变现状，成为一个真正的投资人，成为自己的老板。

在这种力量的驱使之下，巴鲁克开始为自己寻找另一种出路。但是一时之间又找不到头绪，所以巴鲁克决定给自己放一个长假。他希望在这段空闲时间里能够给自己找到另一片天空。

就这样，巴鲁克带着妻子和老父亲，另外还有一位叫亨利·C·戴维斯的商业伙伴一起来到欧洲度假。一路上，大家有说有笑兴致非常高，在到达伦敦时亨利·C·戴维斯与巴鲁克一家分手了。

巴鲁克一家一路东行，来到了君士坦丁堡，这可是一座拥有悠久历史的城市。在这里巴鲁克仿佛受到了几千年前风俗文化的洗礼，他的耳边隆隆的战车声不时地响起，眼前仿佛出现了当年战火纷飞的场景。巴鲁克被这种历史的厚重感折服。此时的他脑中忽然灵光一闪，他好像一下子明白了他一直想要追求的是什么。但是模糊的感觉来得快消失得也快，巴鲁克心想，这可能是君士坦丁堡大帝给他的灵感吧。

由于巴鲁克的父亲西蒙医生想到维也纳或者柏林看一看，巴鲁克夫妻与父亲在君士坦丁堡分手了。夫妻二人游玩的兴致很高，两人来到了巴黎。就在巴黎某宾馆下榻的第一晚，巴鲁克接到了一份哥哥发来的加急电报。

电报的主要内容是，豪斯曼公司在财政方面出了很大的问题，急需巴鲁克回去解救。说到豪斯曼公司，巴鲁克是非常有感情的。可以说，多亏当年豪斯曼先生的提拔，巴鲁克才能有今天的成就。

巴鲁克听到这个消息，二话没说，立即把自己的一笔资金转到了豪斯曼先生的账户上，然后订了回纽约的船票。

船刚一靠近港口，巴鲁克在甲板上就看见豪斯曼在码头上焦虑地走来走去。当巴鲁克下船来到豪斯曼面前时，只见豪斯曼愁云满布的脸上出现了笑容，仿佛巴鲁克就是他的救世主。

豪斯曼把公司的情况如实地告诉了巴鲁克。巴鲁克安慰老朋友之后，立即开始想办法。首先，巴鲁克得解决公司的资金问题。他亲自为豪斯曼筹款，效果非常好，筹到的资金足以让豪斯曼继续持有与他财富息息相关的股票。在巴鲁克的一番忙碌之后，股市竟然神奇地出现了反弹现象。巴鲁克还将一直放在他那里的股票还给了豪斯曼。最后，公司问题解决了，豪斯曼在出售股票之后还赚到了钱。

成功帮助朋友解决问题之后，巴鲁克没有像其他人那样一直沉浸在满足之中。巴鲁克的理智告诉他，如果他不从豪斯曼公司独立出来，那么像这种情况有可能还会出现，一旦再出现问题巴鲁克可不能保证像这次一样能够成功脱险。经过审慎地考虑，巴鲁克最后决定从豪斯曼公司独立出来，从此只当自己的老板，只为自己一个人服务。

说到做到一向是巴鲁克的做事风格，1903年巴鲁克自立门户。

他将自己新建的办公室设在了百老汇街，并且为自己选择了一个吉利的门牌号111号。他的新办公室里摆放着3个非常有意义的纪念品，第一件是母亲在他刚刚成立公司时送给他的贺电；第二件也是母亲送的，是一只绿色的身上带有红色斑点的小瓷猫；第三件则是父亲送给他的一张照片，在照片的背面还标有父亲的留言："让诚实始终不渝地跟随你一生"。有了这些预示着好运的幸运物，巴鲁克信心倍增，准备在投资界大展拳脚，打造属于自己的一片天地。

3. 古根海姆家族代理人

在20世纪初，美国出现了许多富裕的家族。古根海姆家族就是其中之一。这个家族主要以经营采矿业为主，另外在绘画、建筑、出版和考古学方面都成绩斐然。那么，这个家族与巴鲁生有什么关系呢？

巴鲁克还是一个初出茅庐的毛头小子的时候，到处寻找工作，他找到的第一份工作因为母亲的反对而放弃了。这第一份工作其实就是丹尼尔·古根海姆先生为他提供的。多年之后，巴鲁克成为投资业的一颗明星，他以自己的实力赢得了古根海姆家族的信任，成为这个家族的代理人。巴鲁克与这个家族有着特殊的渊源。

1903年的金融危机使美国原材料市场出现了繁荣的景象。此时的巴鲁克也对原材料市场产生了兴趣。巴鲁克第一次打入原料市场，就是以古根海姆家族代理人的身份出现，这使巴鲁克兴奋不已。

巴鲁克为古根海姆家族办的第一件大事就是帮助该家族收购两家西海岸冶金公司。经过商议，巴鲁克和亨利·戴维斯带着一位叫佩吉的律师前往华盛顿州弗莱塔特科的冶金公司总部，以便显示自己的诚意，并且希望能顺利地与对方总裁进行商谈。

巴鲁克首先拜访了达利阿斯·米尔斯先生，这位先生是塔科马公司的一位大股东，虽然已经80岁了，但是对自己涉猎的行业仍然有很大的权力。如果巴鲁克说服了达利阿斯·米尔斯先生，那么对他们的这次收购将会非常有利。

但是，事情没有巴鲁克预想的那么简单，米尔斯听了巴鲁克前来拜访的目的，立即婉言拒绝了他提出来的要求。好在米尔斯在言语中透露出来的意思表明他决不会把这次谈话的内容告诉古根海姆家族的死对头——洛克菲勒家族。

离开米尔斯办公室之后，巴鲁克没有灰心，接着去拜访塔科马公司的掌门人——威廉·拉斯特先生。威廉·拉斯特先生是戴维斯的好朋友，见面后巴鲁克把自己的想法一五一十地告诉了威廉·拉斯特先生。拉斯特先生听到他们要以每股800美元的价钱收购他手中的股票，思考片刻，觉得这个价位合理，于是同意了巴鲁克提出的要求。

拉斯特先生将自己的股票卖给美国冶铁公司之后，包括米尔斯在内的其他股东也陆续将手里的股票转让给了美国冶铁公司。这一举动标志着美国冶铁公司成功收购了塔科马冶金公司。

幸运之神总是那么眷顾巴鲁克，在成功收购塔科马冶金公司之后，巴鲁克等人又顺利地收购了塞尔比公司。巴鲁克漂亮地完成了两次收购任务，这使他在收购界的名声大增。

任务完成，就在巴鲁克与古根海姆家族谈论佣金问题的时候，不开心的事情发生了。根据之前的协议，巴鲁克认为自己这次可以拿到100万美元的佣金。但是古根海姆家族的负责人丹尼尔·古根海姆认为100万美元太多了。于是双方发生了激烈的争执。自始至终巴鲁克的态度都非常强硬，最后古根海姆家族还是支付了110.6456万美元给巴鲁克。巴鲁克拿到钱之后，立刻找来了这次协助他办事的戴维斯和威廉·拉斯特，并以支票的形式分给每人30万美元。这两个人拿到支票，看到上面的数目都非常惊讶。

"巴鲁克，你这是干什么？30万美元太多了。"

"不，30万美元是你们应得的数目，如果没有你们的帮助，我一个人是完不成任务的。"

纵观巴鲁克完成整件事情的过程，我们可以发现巴鲁克不仅工作中思维缜密，方法得当，在处理人际关系上也有一套自己的哲学。针对这件事有人评价巴鲁克：在佣金方面他既是一个少一分也不行的"小气鬼"，又是一个对待朋友和工作伙伴十分"大度"与"义气"的"大方人"。

4. 一个低级的错误

由于连连打胜仗，巴鲁克的名气越来越大，有人甚至直接称巴鲁克为投资界的权威。在这些赞美声中，巴鲁克没有迷失自己。他清醒地知道，投资就像赌博，在具有实力的前提下还需要一些运气。

在一次访谈中，巴鲁克讲述了一些他自己的失败案例。从导致失败的原因中，巴鲁克悟出来一个道理："任何人都不可能完全掌握所有行业的投资要领。"

巴鲁克之所以这么说，是因为从投资钢铁业到矿业，从投资铁路到银行，这些领域他都接触过并且可以胜任，但是唯独农业让巴鲁克感到十分困惑。巴鲁克还曾经自嘲："我好像一直都没有掌握农产品的投资要诀。每次想到我要在咖啡、糖业、棉花和其他农产品领域获得回报时，我的自信心就会受到无法形容的巨大打击。在我看来，只要我对某种农产品进行投资，那么这种农产品就要不值钱了！"

巴鲁克为何一谈到投资农业就挠头呢？原因是他经常在农业上栽大跟头。事情是这样的：在巴鲁克作为古根海姆家族代理人与两家冶金公司谈判时，他听了咖啡商赫尔曼·希尔肯先生的劝说，买了大量的咖啡股票，这是他第一次涉及到农产品的投资。

咖啡商赫尔曼·希尔肯先生在前文中提到过，他就是在巴鲁克投资联合制铜业给过巴鲁克建议的那位有名的咖啡商。说到咖啡，赫尔曼·希尔肯先生可以算得上是咖啡界的权威。在与这位先生见面之前，巴鲁克早就听说过他在咖啡界所取得的成就。所以巴鲁克非常信任他也很敬佩他。带着这样的感情色彩，对于赫尔曼·希尔肯先生说的话，巴鲁克都非常相信。

有一天，巴鲁克与赫尔曼·希尔肯先生聊天时，不经意间谈到了当时的咖啡市场。提到咖啡市场，赫尔曼·希尔肯先生越聊兴致越高。他把巴鲁克拉到一个没人的地方，小声地说："根据我多年观察，1906和1907这两年咖啡的收成一定不会太好，如果你这时购进一些咖啡，等市场上大批量需要咖啡时，你再以高价售出，准会赚一大笔。"

出于对赫尔曼·希尔肯先生的信任，巴鲁克没有进行任何市场调查就购买了大批量的咖啡，一心只盼着1906和1907两年咖啡歉收，自己好从中获利。

但是，实际情况让巴鲁克的期待落空了。1906和1907这两年的咖啡不仅没有出现歉收现象，还出现了几年不遇的大丰收。市场上咖啡的供应量大大超过了需求量，咖啡的价格也随着市场的行情而大幅度地下降。从巴鲁克买进时的7.65美分降到了6.65美分。巴鲁克在整个投资过程中损失了七八十万美元。

巴鲁克一谈到这个失败的案例就非常痛心。痛心的原因不在于损失了金钱，而在于丢了自己的颜面与英明。巴鲁克自己心中明白这样低级的错误已经不是第一次犯了。巴鲁克为自己的大意和轻信别人的态度而伤心。

通过巴鲁克犯的错误，我们可以看出：一个人在自己不熟悉的领域里，听取权威人士的意见固然重要，但是不要忘记还有比这更重要的，那就是自己去探索实践和考察。

5. 对橡胶业的准确预测

巴鲁克的投资领域是非常广泛的，从投资钢铁业到矿业，从银行再到投资铁路，虽然在农业领域吃了败仗，但也算接触过了。还有一个领域是巴鲁克一直向往的，那就是橡胶领域。

巴鲁克接触橡胶主要是由于他爱车的缘故。巴鲁克所生活的时代，汽车基本上不是作为一种交通工具而存在。那时候的汽车可以说只是富人们手中的玩物、是富人们身份的象征。因为那个时代的汽车不仅价格昂贵，而且性能也非常不稳定，如果一辆汽车在开出几英里后还没有爆胎那真是谢天谢地。

作为富人当中的一员，理所当然，巴鲁克也拥有一辆汽车。他最早拥有的是一辆8或12马力的潘哈德。在他那个时代，潘哈德具有野兽一样的速度与动力。喜欢冒险与激情的巴鲁克特别喜欢这款汽车。与别的汽车拥有者不同，巴鲁克不仅喜欢开车，还喜欢研究与车有关的问题。虽然在那个时代开车的人少之又少，但是巴鲁克认为就凭汽车能给人类带来方便这一点，橡胶市场的前景在不久的将来一定会非常可观。事实上，21世纪的今天已经验证了巴鲁克的预测。

在金融危机来临之前，美国社会出现了当时人们所谓的"有钱人的恐怖时代"。在这段时间里，许多公司的股票价格都出现了大规模的跌落，并且持续时间非常久。巴鲁克也同样面对着这种情况，但是与其他人不同，巴鲁克即使在恐慌时代也能保持冷静的头脑。他将手中持有的大量股票都抛了出去，与此同时又将目光放在了美国的工业股上。在这些工业股中就包括他一向看好的橡胶股。

巴鲁克对橡胶业的发展有很大的信心。而这种信心渐渐地发展为"野心"。巴鲁克在心中开始计划建立一个巨大的联合企业，然后对橡胶业进行整合，最后控制整个橡胶业，最终实现成为"橡胶大王"的梦想。

梦想总归是梦想。巴鲁克对现状的认识非常清晰。要想成为"橡胶大王"，以他个人的经济实力是办不到的。他必须找到一个愿意帮助他并且与他志同道合的朋友。这个朋友不仅与他拥有同样的梦想，还要有雄厚的经济基础。巴鲁克在脑中广泛地搜罗了一遍，最后觉得丹尼尔·古根海姆先生是最合适的人选。

巴鲁克不仅是思想上的强者，同时还是行动上的巨人。他立即找到了丹尼尔·古根海姆先生，同他说了自己的"橡胶梦"，并且把自己对橡胶业的了解都告诉了丹尼尔·古根海姆先生。

对于巴鲁克的提议，丹尼尔·古根海姆先生没有立刻给出答复。因为这可是一件非常严肃的事情，丹尼尔·古根海姆先生需要同自己的几个兄弟进行商议。

但是，丹尼尔·古根海姆先生思考的时间还真不短。就在他思考的这段时间里，橡胶业市场的股价一直处于上升态势。巴鲁克见此情况，心中灵机一动："丹尼尔·古根海姆先生至今还没有给出明确的答复，如果他最终不同意，那么如今大好的形势就错过了，如果他同意了，万一之后股价降下来怎么办？不如现在我就抛出一些，先赚上一笔再说。"

丹尼尔·古根海姆先生一直没有给巴鲁克明确的答复，巴鲁克的"橡胶梦"因为苦于资金短缺而不能实现。就在这时，一位叫威廉·A·劳伦斯的发明家将巴鲁克从困局中解脱出来。

这位发明家发明了一种可以从银胶菊灌木中提取橡胶的方法，这种方法一问世就刺激了许多投资商，他们认为这种方法一定会改变橡胶业的发展。丹尼尔·古根海姆先生也不例外，在得知这一消息之后，他立即联系了巴鲁克，将这一消息告诉了他。

巴鲁克听到这个振奋人心的消息，兴奋不已。为了证实这项发明的可靠性，巴鲁克特意到银胶菊的产地墨西哥进行考察。考察过后巴鲁克的心变得更加明亮了，仿佛看到了橡胶业辉煌的发展前景。

心动不如行动。1905年，大陆橡胶公司成立了。在公司成立后，巴鲁克最开始购买股票的橡胶制品公司也开始联系大陆橡胶公司，并且两个公司还签订了合作协议：等大陆橡胶公司的精炼厂开工之后，橡胶制品公司将买入大陆橡胶公司生产的橡胶材料。

3年后，大陆橡胶的精炼厂开工了，巴鲁克等待橡胶制品公司前来兑现承诺。但是，事情并没有像巴鲁克预期的那样发展。橡胶制品公司为了不兑现合同，以莫须有的质量问题为难大陆橡胶公司。另外说明一下，此时的两家橡胶公司都已经改了名字，确切地说，是美洲橡胶公司拒绝履行与洲际橡胶公司的合同。

巴鲁克被美洲橡胶公司不负责任的行为彻底地激怒了。为了惩罚美洲橡胶公司，巴鲁克准备起诉这家公司。但是，最后由于洲际橡胶公司决策层意见的不统一，对美洲橡胶公司的起诉没能成立。

总之，在整个交易过程中，巴鲁克感到身心俱疲。最初的那种对橡胶事业的狂热也被一连串的事件浇凉了半截。就连处理公司内部问题也让巴鲁克大伤脑筋。一系列的打击打破了巴鲁克"橡胶大王"的梦，此时的巴鲁克认为橡胶行业的前景一片灰暗。于是，巴鲁克决定撤出橡胶业，对于巴鲁克来说，"快乐的投资才是他所追求的"。

下定决心之后，巴鲁克于1910年墨西哥大革命开始之前将自己手中的股票全部抛了出去。他的这一正确决策挽救了他，让他避免了一次重大的损失。

第六章　名人的烦恼

1. 赫伯考庄园

在整个华尔街，巴鲁克的名气越来越大。与此同时，随之而来的烦恼也越来越多。巴鲁克面对接踵而来的事务，感到压力非常大。此时的他急需寻找一处安静的环境来给自己减压。

工作之余，巴鲁克一直在寻找他心中的"世外桃源"。一个偶然的机会，巴鲁克终于在他的老家发现了一个既美丽又安静的地方——赫伯考庄园。

这座庄园的第一任主人是一个叫约翰·卡特的公爵。后来出于某种原因，公爵将这座庄园转手给了一个叫罗伯特·詹姆斯·道纳尔森的苏格兰人。但是此时的大庄园已经被分成了几个小庄园。1904年，罗伯特·詹姆斯·道纳尔森先生的儿子决定将庄园出售，巴鲁克认为他的机会来临了。

作为一名优秀的投资人，巴鲁克即使在买东西的时候身上也保留着投资人的影子。对于一个投资人来说，无论何时利益都是第一位的。在与道纳尔森先生的儿子的多次谈判中，巴鲁克采取了见机行动的策略，最后于1905年以55000美元买下了整个庄园。

对于巴鲁克来说，庄园的最大价值就在于它的偏远僻静。如果来到这里工作就不会为担心受到外界干扰而忧虑烦恼。如果想从纽约到达这里，必须先乘火车到达南卡罗来纳州的乔治敦，然后穿过温亚海湾才能到达离庄园较近的一个码头。码头的附近有一个道纳尔森家族曾经居住过的、被称为"费兰德费尔德屋"的院落。院落中的建筑都是木制的，由白色的立木支撑着，房屋上安装着又高又宽的百叶窗。屋外还有宽阔的门廊。春天来的时候，屋外的草坪上到处盛开着杜鹃花和木兰花，就是一个大花园。

到达码头后，还要经过一段公路才可以到达庄园。猜想一下，巴鲁克选择这里的原因，可能就是让自己在一段时间内彻底与世隔绝，即便有谁想找到他，一想要如此困难才能来到这里，也就放弃原来的打算了。庄园除了安静幽雅之外，还拥有仙境一般的美丽景致。用巴鲁克的话说，这里简直就是一座大花园。

由于庄园中到处都是茂密的树林和潺潺的小溪，所以在这里还生长着一些水生植物和动物。据巴鲁克回忆，他曾在庄园中遇到过水獭、黑熊、鹿还有野猪，但是数量最多的是野鸡。这些动植物的存在，使整座庄园显得充满活力与灵性。

巴鲁克充分利用这座庄园的特点，在每年感恩节的前后他都会将自己的庄园向外界开放。在开放期间，巴鲁克会邀请一些自己在商界的朋友。随着巴鲁克名气的增大，朋友圈也随之扩大，他的邀请名单内又增加了政界、娱乐界、教育界等各行各业的精英。

每年庄园的开放时间都是到4月份为止。这段时间之外，巴鲁克是绝对不允许任何人来干扰他安静的生活的，包括他的妻子安妮。安妮也被他视为一名普通的客人。安妮有一次甚至在客人留言簿上写了这么一句话："没有电话，这里怎么住人？"可巴鲁克仍坚持己见，在他的意识中，水上庄园是他思考未来的地方，这里不容许被任何人打扰。

在这座世外桃源里，巴鲁克有足够的时间和空间去思考自己人生中的每一个片段，去总结这些年自己在投资交易中获得的经验与教训。自从来到这个香格里拉一般的庄园后，巴鲁克就把它看成是自己生命中的一块净土。每当做完一次交易之后，无论胜利还是失败他都会在这个地方反思自己的行为。总之，巴鲁克找到了属于他的"香格里拉"。

2. 社交难题

　　巴鲁克是一个非常聪明睿智的人，也许人们会说这是一个犹太人与生俱来的特点。犹太人的身份在他成名之后给他增添了许多神秘色彩，但是在成名之前也给他带来了不少麻烦。

　　巴鲁克对自己是一个犹太人的身份并不十分敏感。这一点，我们可以从他娶安妮的事情上看得出来。一个非常虔诚的犹太人是不会打破自己宗教的原则娶一位异教徒做妻子的。这些年中，虽然巴鲁克也会参加一些类似赎罪日的节日，其实那完全是为了让母亲安心才不得不做的，巴鲁克更多的是将宗教节日当作一个家庭节日来过。

　　巴鲁克以一名犹太人的身份出入投资界，赢得了投资界那些非犹太人的认可，并取得如此大的成就，说明他是一个处事圆滑、为人和善，在交际圈能够做到如鱼得水的人。

　　也许，巴鲁克天生就是一个做大事业的人。他不会把自己局限于犹太人的社会里。在巴鲁克的潜意识里，他更喜欢生活在非犹太教的社会里。巴鲁克的意识支配着他的行为。在社交圈里，他努力推销自己，广泛结交朋友，在他的不断努力之下，巴鲁克夫妇最终成为了新教徒社会团体的成员，并幸运地选入了"社会名人录"。这一荣誉就连斯奇夫和古根海姆家族的成员都没有机会获得。除此之外，巴鲁克还加入了RECESS俱乐部。巴鲁克之所以如此积极地加入这些非犹太教组织，是因为他想打破别人心目中自己犹太人的身份，从而加入主流社会，扩宽自己的社交范围。如果能做到这些，对自己的投资事业也会大有帮助。

但是，就在巴鲁克准备逐个"打入"非犹太教社交圈时，他遇到了一个困难，那就是遭到了欧兰克德俱乐部的拒绝。

这个欧兰克德俱乐部是当时一些社会名流打高尔夫球的聚集地，而这些拥有较高社会地位的上层人士当中没有一个是犹太人。巴鲁克的一位叫约翰·布莱克的商业合伙人恰恰是这个俱乐部的董事之一。他很有诚意地邀请巴鲁克加入这个俱乐部。但是巴鲁克心里明白，作为一个犹太人要想加入这个俱乐部是难上加难的。约翰·布莱克看出了巴鲁克心中的疑虑，坚定地对巴鲁克说："巴鲁克，不要为宗教的事情担心，这不会影响你加入这家俱乐部的。"

"真的吗？我认为这可不是一件容易的事情啊！"

"没问题，这件事就包在我和H·J·普姆罗易的身上了。"

事情正如巴鲁克料想的那样，一个犹太人要想进入这家俱乐部比登天还难。巴鲁克的犹太人身份对于这家俱乐部来说，就像一张止步牌一样明显，这深深地刺痛了巴鲁克的心。巴鲁克不想为难自己的朋友，自己先提出了放弃加入的意见。但是最后，在众多朋友的帮助下，巴鲁克还是被纳入了这家俱乐部，成为其中的一员，他是其中唯一的犹太人。

还有一件事也能证明巴鲁克比较敏感的处境。20世纪20年代初的美国赛马俱乐部是不欢迎犹太人入会的。而且不是赛马俱乐部会员的人也不允许参加在贝尔蒙德公园内的赛马场上进行的骑术练习，当然更不允许参加比赛。巴鲁克是一个有名的赛马迷，他不但喜欢养马、骑马，还喜欢赌马。可是对于赛马俱乐部不允许犹太人入会的规定，他感到很气愤。

这种气愤终于在赛马界最知名的人物奥古斯特·贝尔蒙询问他

的意见时爆发出来了。

"巴鲁克先生，你对俱乐部不允许犹太人与会有什么看法？"

"这个规定会对赛马界产生恶劣的影响，也势必将赛马运动引入歧途。我们必须清楚，不管是达官显贵还是平民百姓，都有享受公平的权利。"

"您的想法可以理解，但您本人并不参加赛马比赛，所以就不要这么气愤了。"

"这您放心，有像您这样的人在赛马界指手画脚，我是不会为这点小事生气的，否则伤了身体就不值得了。"

从与贝尔蒙先生发生了这次不愉快的交谈后，巴鲁克再也没有踏入贝尔蒙德赛马场半步，连他的马厩也交给了一位叫凯瑞·格雷森的朋友管理。

后来，赛马俱乐部在是否吸纳巴鲁克加入俱乐部的问题上争论了很久。中间巴鲁克也几次拒绝了一些朋友的邀请。可最后，由于赞成他入会的人占据了大多数，与此同时该俱乐部也同意在犹太人入会的问题上采取更为宽松的标准，巴鲁克才勉强同意加入这个俱乐部。

其实，巴鲁克是一个对宗教、种族不怎么敏感的人，这与他移民后裔的身份有关。他从未因为自己是一个犹太人而感到自悲，但他也不会因为自己的犹太人身份而拒绝加入非犹太教社交圈。他主张种族平等，也提倡宗教信仰自由。在他的意识中，积极融入社交圈不但有助于自己的事业发展，还能交到很多兴趣相投的朋友，为事业的发展奠定良好的人脉基础。

由于巴鲁克自身的不断努力，再加上巴鲁克在投资界的声誉，到了20世纪30年代，巴鲁克被列入了非犹太人的行列。这更加意味着，巴鲁克已经完完全全得到了非犹太社交圈子的认可。

3. 再攻铁路业

为了实现自己儿时的梦想，巴鲁克在上一次投资路纳铁路公司失败之后，仍然心有不甘。1911年到1912年之间，他调整好自己的状态，准备向铁路业发动第二次进攻。

巴鲁克这次看好的是一家叫瓦伯什匹兹堡的铁路公司，为了实现自己控股铁路公司的梦想，巴鲁克花了巨资买进了这家公司的大量股票。

巴鲁克此次投资是在股票市场仍然处于淡季的时候进行的，他并没注意到由于股票市场的惨淡，让包括瓦伯什铁路在内的整个铁路建筑业的前景并不乐观。实际上，就是巴鲁克高估了铁路业的发展。结果，他的梦想不但没有实现，反而因为投资铁路错过了投资硫磺公司的机会。这导致他损失了几百万美元。

1911年3月30日，华尔街爆出这样一条消息："巴鲁克以一级抵押贷款的方式购买了面值312.8万美元、红利为4%的瓦伯什匹兹堡铁路公司50年期的债券。"消息一经传出，立刻在公众中引起了不小的波动。有些人认为巴鲁克此举表现出了对铁路行业的未来发展的信心，而另外一些人则认为巴鲁克的行为很荒唐。

不看好巴鲁克投资铁路运输业的人是有反对理由的。瓦伯什匹兹堡铁路公司当时的经营状况很差，公司负债累累，还牵扯不少官司，即将濒临破产的边缘。如此糟糕的经营状况，让该公司的债券持有人将公司告上了法庭。他们称该公司没有支付他们利息，更没有能力兑现债券。他们要求法院组织一个能够帮助他们收回投资的管理机构。法官同意了他们的建议。

回想当初瓦伯什匹兹堡公司出售债券时的承诺：债券1954年到期，每年分4%的红利。可是照着公司目前的发展前景，现承诺可谓难上加难。

那么这家铁路公司究竟出现了什么样的问题，导致其濒临破产呢？

最主要的原因是该公司的铁路途经之地的地形状况极差。开始时，投资人组建该公司的目的是打破宾夕法尼亚铁路公司对匹兹堡铁路运输市场的垄断，于是组建铁路公司修建了一条63英里的铁路。该铁路通往匹兹堡西部，而且与托利多铁路相连。当时瓦伯什匹兹堡公司还与另两家中西部铁路公司结成了联盟，企图将各自所拥有的铁路线连成一体。可是投资者在投资这条铁路时忽略了这样一个事实：这段铁路沿线的地形状况很差，差到投资者必须投入极高的人力和物力，这就意味着这条铁路的成本极高。

铁路到了真正运营的时候，收益低得惊人，从1906年至1908年连续3年亏损。到了1908年5月28日，瓦伯什匹兹堡公司最终宣告破产。这时该公司债券的市场价值已经从建立之初的3000万美元跌至500万美元。

1911年3月，巴鲁克决定以面值的46%大量收购瓦伯什匹兹堡公司的股票，并成为了这个公司最大的个人股东。巴鲁克之所以在大家都不看好这只股票时大量买进，主要是他认为这家公司的困境已经到头了，如果此时能实现一个有效的机构重组计划将会很快为瓦伯什匹兹堡公司带来希望。同时，巴鲁克还了解到他所尊敬的哈里曼先生就是在瓦伯什匹兹堡公司的合作伙伴之一的惠玲&雷克艾瑞铁路公司破产时对其做出投资的，结果获得了成功。总之，巴鲁克对投资铁路建筑业信心十足。

4月4日，巴鲁克被任命为股东委员会委员。除了他之外，股东委员会还包括早在1889年该公司陷入危机后曾经参与该公司重组计划的托马斯·H·哈伯德；对铁路计划了如指掌的律师、曾经担任过联盟太平洋公司主席的文斯罗·S·皮尔斯等等了解铁路运输业的专家。可就是这些所谓的专家也不能迅速拿出可行的重组方案。到了1913年，公司重组行动还是收效甚微，以至于到了最后，所谓的"瓦伯什匹兹堡公司重组计划"成了华尔街上的笑柄。

　　时间到了1915年，由于第一次世界大战爆发，股市再次进入淡季。甚至纽约证券交易所都因为战争关门停业了。股东委员会依旧不能拿出可行的重组方案，而公司的红利为4%的债券价格也在迅速下降。1月19日，巴鲁克在此前曾以每股50～60美元价格购买的该公司的债券已经跌到了19美元每股。当巴鲁克听到这个消息后，几乎昏了过去。

　　1915年1月底，瓦伯什匹兹堡公司的管理和财政出现了好转。公司的股东委员会又开始重新投入工作，并在4月份提交了正式的重组计划。针对公司糟糕的营运状况，该计划规定股东必须以每股30美元而不是20美元的价格兑换公司的股票和小面值债券，这样一来瓦伯什匹兹堡公司的资本将削减1700万美元而不是1914年提出的削减1000万美元。债券持有人可以在股东同意支付现金的前提下将手中的债券兑换成现金，兑换率为每1000美元的债券兑换654.82美元现金。债券持有人也可以将持有的债券兑换成新公司的股票。如果不愿意购买股票，那么债券持有人还可以以每股债券33.15美元的价格获得现金。

　　该重组计划的出台，对巴鲁克而言一点好处也没有。如果按照计划执行，那么在整个重组过程中，巴鲁克付出的全部努力将毁于一旦。最重要的是，它将证明巴鲁克的这次耗时漫长的投资最终以失败而告终。虽然在此后的6月份，不甘心的他又召集了几家投资公司组成了一个辛迪加公司，准备购买南方太平洋铁路公司的大部分股票，但是他在这次投资上的失败结局已经注定了。

总结巴鲁克此次投资失败的原因，一句话就可以说清楚，他选择了错误的领域、错误的地区和错误的公司。总之，一连串的错误，让他不得不与儿时的梦想第二次擦肩而过。

失败的根本原因，就在于他对儿时的梦想过于执着。有这种执着的信念固然是好的，但是它阻碍了巴鲁克在整个投资过程中作出正确、客观的判断。总之，巴鲁克的铁路梦再次破灭。

4. 害人不浅的"赌一把"

1909年，巴鲁克收到了一封来自摩根公司的邀请函。邀请函的大意就是想让巴鲁克亲自组织一个工程队，然后对一个名叫布瑞恩蒙德的硫磺矿进行考察，考察之后一旦发现该矿区存在开采价值，巴鲁克就会从中获得40%的利润。

巴鲁克之前与摩根公司打过交道，公司的老板摩根先生是巴鲁克一直敬佩的对象，所以对于这次邀请，巴鲁克很开心地答应了。为了快速有效地完成这次任务，巴鲁克立即找到一位在这方面很有经验的专家协助他进行勘探与调查。

这位专家名叫希勒·W·穆勒，是一位很有名气的采矿工程师，在1905年因预言宾厄姆大峡谷铜矿将大有作为而在采矿业一举成名。两位对采矿业都很有造诣的专家，带着一伙人开始了艰难的勘查之旅。

来到布瑞恩蒙德硫磺矿区之后，巴鲁克一行人就开始了细致的勘探工作。由于布瑞恩蒙德硫磺矿区位于山区，整个勘探过程是非常艰苦的。他们利用白天的时间实地采取样本，然后再利用晚上的时间对采集来的样本进行实验与分析。他们就这样每天都在蚊虫的叮咬下工作到深夜。

功夫不负有心人。巴鲁克一行人在艰苦的工作环境中所流下的汗水换来了可喜的回报。得出勘探结果之后，巴鲁克立即将该开采地能够开采50%硫磺量的消息告诉了摩根先生。

"摩根先生，经过我们这几天的勘探，发现这个矿区可是一个名副其实的富矿。我算过了，如果我们将它买下来总共需要花费50万美元。"

"真的吗？听起来好像很有发展潜力啊！"

"真的，就让我们'赌一把'。"

原本摩根先生听到这个好消息非常兴奋，但是一听到"赌一把"这几个字眼，就立刻变了脸色，非常严肃地对巴鲁克说："哦，巴鲁克，你这个态度可不行啊，我可是从来不会赌的。"其实，巴鲁克将"赌一把"这几个字说出口的那一刹那就立刻后悔了。因为巴鲁克了解摩根先生的个性，他深知摩根先生做事的谨慎态度。与摩根先生交谈的过程中，巴鲁克深深感受到了摩根先生的应付。

就在巴鲁克受到打发的同时，另一家位于得克萨斯州的海湾硫磺采矿公司正在组建当中。后来经报告得知，得克萨斯州的海湾硫磺采矿区的开发前景要比布瑞恩蒙德硫磺矿区好得多。

这一消息再次引起了巴鲁克对投资硫磺业的兴趣。1912年，巴鲁克在对自己有利的情况下投资了得克萨斯州的海湾硫磺采矿公司，成为了这家公司的第三大股东，这种情况一直持续到了

1915年。

　　1915年，巴鲁克面临着两大选择：一是利用自己是大股东的身份，尽快让公司的硫磺矿投入生产；另一个是将手中的股票高价售出，赚一笔钱。可是一向敢于冒险的巴鲁克这次却胆怯了，他选择了后者。最终，他找到摩根公司的合伙人亨利·P·戴维森就此事进行了商谈。戴维森给他推荐了摩根公司的另外一位合伙人托马斯·W·拉蒙特。拉蒙特又打电话给一位名为威廉·伯伊斯·汤普森的矿石开采商。汤普森对关玛塔戈达镇硫磺矿进行了仔细调查，并提交给了摩根公司一份证实硫磺矿前景乐观的报告。再仔细斟酌勘查报告后，摩根公司最终决定收购海湾硫磺采矿公司60%的股票，收购时，巴鲁克的出价是10美元。

　　从巴鲁克出售海湾硫磺开采公司股票的行为中，能看出他对硫磺开采业的前景并不看好，而且在参与该项投资的过程中，他的表现都是犹犹豫豫的。巴鲁克如此犹豫的主要原因是他一直低估了这一行业的发展前景。另外，他本质上仍是一位股票投机商，尽管他在金融投资领域经验丰富，但是他对硫磺矿产业领域的具体工作还不是十分在行。

　　从这次事件中可以看出，巴鲁克主要受到了自己主观思想的左右，儿时的梦想将巴鲁克牢牢地锁住了，致使巴鲁克失去了一次赚大钱的机会。

5. 证明自己的清白

　　巴鲁克不是一个守财奴，更不是一个吝啬鬼。巴鲁克在赚到大钱的时候，常常通过各种途径将钱捐出去。

虽然巴鲁克是一个人尽皆知的富翁，但是只有他自己知道赚钱的辛苦。于是，他常常提出一些政治性捐款。此外，巴鲁克还积极倡导储备军事力量。巴鲁克这么做一方面想表示出他不仅是一个富人，还是一个极具爱国热情的美国人；另外通过他的这一行为，他还可以培养自己的人脉，维持自己事业的发展。

可是，俗话说得好："聚光灯下的人虽然光芒四射，但也是最容易被找到缺点的人。"由于巴鲁克在各方面都做得非常完美，因此遭到了许多业内人士的嫉妒甚至憎恨。就在巴鲁克积极从事公益事业的同时，谣言悄悄地来到了他的身边。

由于战争中的美国经济一直都是一幅繁荣景象。人们得出了一个结论：战争是美国经济繁荣的催化剂，战争一旦结束就意味着美国经济的繁荣景象即将结束。与其他国家的人相反，美国的金融界人士并不希望和平的信息早些到来。虽然如此，但是人们也无法阻止和平脚步的来临。

此时，有消息透露，美国国会为了促使战争早些停止，准备向各个交战国发布外交照会。得到这个消息之后，人们也没有心思论证消息的真伪，便不假思索地将手中的股票大量抛售出去，致使股价瞬间跌到了低谷。

面对这一现象，社会公众纷纷发表议论，他们认为这其中一定有人捣鬼，故意走漏风声，导致股票持有者在股价跌落之前将股票大批量售空，运用这种办法从中赚取钱财。社会上这样的议论越来越多，导致这一空穴来风的信息成为一种定论。最后，美国众议院发动了针对此事的调查。

调查的结果令巴鲁克大吃一惊。不仅巴鲁克被认为是造成这次事故的罪魁祸首，就连巴鲁克的朋友、小舅子也被戴上了帮凶的帽子。更可笑的是这其中还出现了一封指控巴鲁克的匿名信，信上竟然清楚地写道巴鲁克在这次事件中获得了6000万美元的好处。

面对这场突然袭来的灾难，巴鲁克比大家想象得更加冷静。因为他坚定心中的信念："清者自清"。可是，此时的公众就像吃了迷魂药一样，根本不管事情的真相如何，就一味地指责巴鲁克。最后为了证明自己的清白，巴鲁克不得不在国会的听证会上为自己的名誉进行申辩。

1917年1月9日和1917年1月30日，这两天是巴鲁克在国会上为自己申辩的日子。在整个申辩过程中，巴鲁克把自己在投资界所做的事情一一向规则委员会的成员进行了汇报。而在听证的过程中，几名规则委员会的成员都被巴鲁克在投资交易中所表现出来的智慧和才华所折服。在对巴鲁克一一进行提问之后，他们完全可以肯定巴鲁克与此次事件无关。最终，正如巴鲁克所想的那样：清者自清。巴鲁克以胜利者的姿态走下听证席，而那些试图趁此机会打败巴鲁克的人大失所望。

在这场风波之后，巴鲁克终于明白了"树大招风"的含义，同时也让他感到了所谓的"名人烦恼"。巴鲁克在这次事件之后又做了深刻的总结。他认为自己作为一个商业人士，必须远离那些心思不正的政客。人们可以感受得到，他这次的结论似乎有些偏激，后来他自己也注意到了这一点。

第七章 在美国政坛找到一席之地

1. 初入白宫

人们心目中的巴鲁克是一位成功的投资家，敢于冒险的投机者。然而，巴鲁克的身份远远不止这些。其实，巴鲁克还是一位非常有名气的政治家。

把不想与政界人士为伍的巴鲁克推向政坛的，就是第一次世界大战。原本主张经济自由的巴鲁克在一战时突然改变了自己的看法，站在政治立场上的巴鲁克认为，战争时期政府必须加强对市场的干预。

此时，怀揣一腔政治抱负的巴鲁克只身一人来到了华盛顿。他此次来华盛顿的目的就是要帮助美国政府重建战时新的经济体制。巴鲁克在华盛顿第一个职位就是国防理事会顾问委员会下属的原材料与矿物委员会委员。由于这项工作主要是与一些供应商和需求商接触，而这些供应商大部分又都是巴鲁克的老朋友，所以，巴鲁克在工作中有一种如鱼得水的感觉。

一战时，美国正值威尔逊总统任职期间。威尔逊对那些物资供应商大发战争财感到非常气愤，可是他本人对此无计可施。这时巴鲁克的出现让他眼前一亮。为什么不利用这个人呢？他可是华尔街的老家伙了，每天在投机股票市场的搏杀练就了他过人的胆量和灵活的头脑。他一定能给那些贪婪的供应商们好看，最后让他们既提供了物资，又无法赚到太多钱。

在华盛顿，巴鲁克的老板就是美国总统威尔逊。巴鲁克果然没有让威尔逊失望，最后，他不仅让供应商提供了物资，还在合理的范围内尽量压缩了他们的利润。

有一次，威尔逊找到巴鲁克，向巴鲁克说明了自己的意图："巴鲁克，现在国家急需军舰，但是可恶的供应商们一定会利用战争这个机会狠狠地赚上政府一笔。"

"您肯定一定会这样吗？"

"当然，这件事很明显。一旦美国参战，国家需要战舰，他们一定会大大提高价钱的。他们实在是太可恶了。"

巴鲁克接到总统的任务后，心里很高兴，心想自己表现的机会来临了。但是由于时间很急，巴鲁克针对此事还没有形成一套完整的方案，他决定先吓唬吓唬这些供应商。巴鲁克就给那些家伙打了电话。巴鲁克在电话中气势汹汹地说："听好了伙计，现在美国政府急需一批军舰，但是政府是绝对不会付给你你想要的价钱的，如果你在这件事上不听从政府的安排，那么后果自负。给你一些考虑的时间，尽快给我答复。"

睡梦中的供应商犹如丈二的和尚根本摸不着头脑。在巴鲁克的一顿威胁之下，那些财团老板们纷纷答应尽快给政府弄到军舰，为政府效力他们都非常高兴。

也许是巴鲁克的威胁起到了作用，也许还有其他原因。总之，事情的进行并没有如巴鲁克预想的那样困难，反而很容易地解决了。那些财团老板答应尽快将手中的军舰交到政府手中。

第二天一大早，巴鲁克从床上一爬起来就立刻拨通了白宫的电话，"尊敬的总统先生，那批军舰我已经拿到手了。"

"你说什么，巴鲁克先生？你是说你已经解决了军舰问题吗？"

"是的，总统先生，那些家伙已经同意交出军舰，我们也不必为此多付钱。"

"太不可思议了，你干得太漂亮了！"

最后，巴鲁克以他聪慧的头脑、敢想敢干的魄力赢得了总统对他的称赞。这次任务的成功完成，使初入政坛的巴鲁克信心倍增，同时也为巴鲁克的政治生涯开了个好头。

2. 战时工业委员会

巴鲁克是这样给自己定位的：他首先是一个美国人，其次是一个美国南方人，然后是一个民主党人，最后才是一个富人。在巴鲁克的定位中，我们可以看出，他不仅是一个努力工作、有责任心的人，同时还是一个爱国主义者。自从巴鲁克进入政坛之后，他想的不是怎样加官晋爵，也不是如何获得高官厚禄，他是真的想从国家的立场出发看问题，凭自己的能力为国家做点什么。

如果想在政坛大展身手，那么巴鲁克认为自己目前所在的职位根本不可能给他提供这个平台。于是，巴鲁克向政府提出了他的建议，那就是建立一个专门为战时服务的物资供应机构，并且特别强调这个机构的负责人手里一定要有真正的支配权。

总统考虑了巴鲁克的建议，但是最终成立的不是物资供应机构，而是战时工业委员会，并且委员会的第一任主席也不是巴鲁克。但是，最后巴鲁克在好朋友兼美国财政部长麦克阿杜的帮助下成为了该委员会的第二任主席。

事情总是按照巴鲁克的意图来发展。1917年的7月份，巴鲁克一心想要成立的战时物资供应机构——战时工业委员会正式成立了。这个新兴的部门取代了原来的顾问委员会。这个部门以提供建议为主。但是，让巴鲁克失望而又郁闷的是，这个他一力主张成立的部门的负责人竟然不是他。巴鲁克为此情绪极其低落。

让巴鲁克心情郁闷的原因除了没有当上工业委员会负责人之外，还有一点就是在整个竞选过程中他遭到了很多人的反对。这些人当中主要包括战争部部长贝克、农业部部长休斯顿、商业部部长李德菲尔德和民主党全国委员会主席麦克考米克。这些人当中尤其是战争部部长贝克对巴鲁克在华尔街的工作背景非常不满意。不仅如此，贝克认为如果巴鲁克手中有权一定会对他的军需供应部门造成威胁。

贝克的担心是有必要的，但威胁不是来自巴鲁克，而是来自巴鲁克的好朋友麦克阿杜。麦克阿杜取代贝克的职位之后，立即向总统提出意见——为好友巴鲁克争取战争部部长的职位。

在其他人对巴鲁克的能力产生质疑的同时，海军部长丹尼尔及总统秘书等人都非常看好巴鲁克，在巴鲁克竞选战争部部长一事上给予他很大的支持与帮助。

虽然朋友的呼声很高，但是投给巴鲁克的反对票更多。此时，巴鲁克认为自己在政界受到了冷落，于是灰心丧气地对朋友们说："此处不留人，自有留人处。我已经做好打算去美国铁路管理部工作了。"

看到巴鲁克如此沮丧，麦克阿杜为朋友做好了新的打算。他给总统威尔逊写信，把自己为朋友所做的安排告诉了总统。但是，威尔逊在给麦克阿杜的回信中这样写道："非常抱歉，亲爱的麦克。

我明白你对巴鲁克的用心,但是我不能将巴鲁克放走,我现在没有让巴鲁克担任战争部部长,并不能说明我否定他的实力。刚好相反,我很看好他,我希望他能在战时工业委员会继续接受锻炼,等他对各项工作都熟悉了,我一定重用他。"

威尔逊说话算话。1918年3月巴鲁克的机会来临了。就在他被总统任命为战时工业委员会主席时,他既兴奋又诧异,他拿到总统发给他的授权书时,神圣的使命感遍布了他的全身。

巴鲁克将这份意义重大的授权书小心翼翼地装进自己的口袋里。他在心里暗暗地叮嘱自己:"伙计,你的愿望实现了,但是你的责任增多了。日后,你要严格要求自己,绝不能让总统、让朋友失望。"

据巴鲁克回忆,从他接到授权书到卸任,一共是253天。虽然任期很短,但是巴鲁克在这段日子里为国家做了许多大事、实事。一开始,巴鲁克的朋友们都非常担心他是否能够胜任该职位,但是后来他的朋友们知道自己的担心是多余的。巴鲁克不仅把自己的机构管理得井井有条,同时还深得同事们的心。总之,巴鲁克用他自己的能力和自身的魅力赢得了总统的信任和器重。巴鲁克在工作中取得的成果以及他对待自己工作的那份热情也使之前那些并不看好他的同事改变了对他的看法。可以说,巴鲁克在争夺人心的这场战斗中再次胜利!

3. 用人之道

在政界,巴鲁克不仅表现出了超强的工作能力,还表现出了知人善任的领导才能。在担任战时工业委员会主席时，一群能力超强的政客被巴鲁克管理得服服帖帖。一方面是因为他们欣赏巴鲁克的工作才能与方法，另一方面他们是被巴鲁克的亲切和善打动了。

巴鲁克在任期间，他领导的成员最多的时候达到了750人。这750人当中每一个人都非常能干，非常有才华。他们在巴鲁克的调配下被分别安排在决策部、资源保护部、价格限制部。除了这些部门之外，巴鲁克还设置了一个法律顾问办公室。担任办公室主任的是一个叫阿尔伯特·瑞奇的法律专家。这位先生工作能力很强，后来还成功地竞选为马里兰州的州长。阿尔伯特·瑞奇先生平时工作尽职尽责，作为巴鲁克的法律顾问，他经常提醒巴鲁克一定要在法律范围之内行使自己的职权。

面对阿尔伯特·瑞奇先生的好心提醒，平时自由惯了的巴鲁克总是以一种不屑的态度给予回报。但是不久，巴鲁克就认识到瑞奇先生提醒的事情是不可忽略的。作为战时工业委员会主席，巴鲁克每天都要受理很多合同，接触的人与事越来越多，越来越杂，远远超出了巴鲁克以往所熟悉的工作领域。在这种情况下，巴鲁克为了使自己在工作中不出错，他经常会先听取瑞奇先生的意见然后再做出决定。就这样，巴鲁克与瑞奇先生成为了好朋友。当巴鲁克卸任之后，他经常暗自庆幸："当年多亏有瑞奇在身边，自己才没有陷入到任何法律纠纷之中。"

在工作中结交的朋友除了瑞奇还有另外三个人。对于巴鲁克战时工业委员会主席地位的巩固起到了不可或缺的作用，分别是：公共事业主管哈里森·威廉姆斯、投资银行家克莱伦斯·迪隆和报人赫伯特·斯沃普。而这三人当中，巴鲁克与斯沃普的关系最为密切。

作为报人的斯沃普先生还没与巴鲁克成为朋友之前就经常在报

纸上赞美巴鲁克。他曾这样写道:"投资界的奇才巴鲁克以他自身的能力征服了总统,又以他自身的魅力征服了白宫。"那么,斯沃普先生为什么如此欣赏巴鲁克先生呢?后来得知巴鲁克之前也曾给斯沃普先生写过信,在信中巴鲁克这样写道:"斯沃普先生,非常感谢您对我的赞扬。而对于您的赞扬,我真的感到受之有愧,我离您眼中的我还有很大一段距离。如果咱们有机会见一面,我认为咱们会成为非常要好的朋友。"事情正如巴鲁克所言,斯沃普先生与巴鲁克在日后果真成为了非常密切的朋友。

用巴鲁克的话说,他在政坛获得的最大成就不是较高的政绩,而是从中收获的友谊。像斯沃普先生这样忠诚可靠的朋友,巴鲁克在战时工业委员会工作期间还结交到许多,投资银行家约翰·哈考克先生也是其中一位。

据巴鲁克回忆,朋友约翰·哈考克先生有一个非常大的爱好嚼烟条。除了嚼烟条之外,这位朋友身上有很多吸引人的优点,比如他做事沉稳冷静、知人善任。后来,巴鲁克的这位朋友在二战期间以及二战后的原子弹控制谈判中帮助了巴鲁克。

乔治·皮克也是巴鲁克的死党之一。他是一位非常有名的农具生产主管。在巴鲁克的财力和精神的支持下,他组织生产的农具大大提高了美国农民的生产能力。

在巴鲁克的朋友当中还有一位非常值得介绍,那就是休伊·约翰森将军。巴鲁克担任战时工业委员会主席时与这位将军相遇,两人在合作的过程中成为了意气相投的好朋友。说到休伊·约翰森将军,他毕业于美国著名的西点军校,平时非常高傲的他在得知自己被调到战时工业委员会做监督工作时,满心的委屈与不愿意。但是,从他与巴鲁克多年的交情上来看,上天这么安排自有他的用意。

巴鲁克还有一个朋友，但是此人与以上几个人略有不同。这个人就是尤金·梅耶。之所以说他与其他人不同，主要是因为他们在巴鲁克还没有从政以前就互相认识，但是两人的关系不是很好。更确切地说，他曾经是巴鲁克在投资界的强劲对手。由于1917年美国参战，所以同样拥有爱国热血的尤金·梅耶也想在华盛顿谋求个一官半职以便施展自己平生的才华。而他第一个寻求帮助的人就是巴鲁克。以前在华尔街的时候，巴鲁克对尤金·梅耶的某些做法就非常不满意，另外此人还是他生意上的竞争对手。所以巴鲁克在得知尤金·梅耶的意图之后，为了给对方留些颜面，并没有直接拒绝，只是敷衍地给他随便找了个位置，具体的工作就是管理军鞋和军装。

怀有一身抱负的尤金·梅耶先生在得知巴鲁克让他管理军鞋军装时，感到非常气愤与委屈。于是，尤金·梅耶再次找到了巴鲁克。他向巴鲁克说明自己一定要留在华盛顿工作，巴鲁克必须得帮他这个忙。巴鲁克听到尤金·梅耶的话，感到以往高傲的尤金·梅耶又回来了，这让他非常不高兴，于是巴鲁克没有理会尤金·梅耶提出来的要求，根本没有给他安排任何具体的工作。

但是尤金·梅耶先生并没有因此放弃自己当初的想法离开华盛顿。相反，在没有接到具体工作时，他也不让自己闲着，每天他都会干一些零碎的小活，比如接电话、收报纸、整理文件等。可以说是有什么干什么，除此之外，他还会叮嘱巴鲁克要时刻考虑自己的处境。

有一天，巴鲁克对正在整理文件的尤金·梅耶说："我观察你好久了，为什么你每天总是愁眉苦脸的？难道你就不能开心点吗？"

"你让我怎么开心？目前美国军需用品极缺，国家想不出办法解决，你们这些处于重要职位的人整天光顾吹嘘自己的丰功伟绩，就不能为国家做点真正有用的事吗？我不管你怎么看我，但是我认为，作为相识多年的人，我有权利和义务提醒你，让你时刻保持清醒的头脑以便更好地为国家效力。"

听完尤金·梅耶的话，巴鲁克改变了对他的看法。他开始以欣赏的眼光来看待尤金·梅耶。梅耶在巴鲁克身边没有多久就被调到了金融委员会。在参议院对梅耶进行任命听证时，巴鲁克出面对梅耶的工作能力以及人品等方面做了极高的评价与肯定。

可以看出，巴鲁克身边的朋友个个都是才华横溢的能人。能被这些"能人"围绕着，说明巴鲁克具有非常高的人气与威望。他之所以能做到这一点，是与他知人善任的处事原则分不开的。巴鲁克管理自己的下属有着独特的方法，他总是表扬奖励自己的下属，让他们充满自信，使他们在工作中充分地发挥自己的潜力。另外，巴鲁克总是以朋友的身份对待下属，从而让他们有一种亲切感。

巴鲁克的付出没有白费，他用真心换来的同样是别人的诚意。一战结束后，巴鲁克与下属又成立了一个战时工业协会组织。在这个协会成立20周年的纪念会上，巴鲁克收到了一份特殊的礼物。这个礼物就是巴鲁克的旧部赠送给他的一尊半身像。看到这份珍贵的礼物，巴鲁克感动至极。他深深地陶醉在朋友对他的爱意之中。

综上所述，巴鲁克的朋友有着一个共同的特点，那就是冷静稳重、作风严谨。巴鲁克非常欣赏朋友身上的这一优点，因为巴鲁克认为这一点正是自己所缺少的。所以精明的巴鲁克为了弥补自身的缺点，在挑选朋友时特别留意哪些人具备这一优点。这些朋友对巴鲁克来说就是他生命中的另一笔财富，在他们的支持与帮助下，巴鲁克的成功之路越走越远，越走越宽。

4. 贡献与成绩

1917年，美国的工业生产达到了一个巅峰的状态，但没坚持多久，美国参战之后，全国开始处于供给紧缺状态。

在这个特殊的时期，战时工业委员会开始发挥它的作用了。作为战时工业委员会的灵魂人物，巴鲁克也发挥了举足轻重的作用，曾被威尔逊总统称为"消息博士"。无形中巴鲁克及他领导的战时工业委员会在白宫中的地位加强了。

在战争的历程中，因为美国投入了大量的兵力和物资，导致国内工业生产的压力越来越大。在物资极度紧缺的情况下，以巴鲁克为首的战时工业委员会开始向美国民众宣传节俭的生活方式，并号召企业提高效率。巴鲁克曾向一本杂志的读者号召说："在和平时期讲究穿衣打扮，这无可厚非。但是战争期间就显得有些不适合了。大家不要这个时候还考虑什么样的衣服要配什么样的鞋子，多考虑考虑如何帮助国家度过战争时期。"

对于巴鲁克的号召，美国民众大多抱着支持的态度，但对于利益至上的企业来说，就不是那么心甘情愿了，尤其是一些生产汽车的大公司。美国政府认为，汽车制造业占用的人力和财力很多，如果能够为战争服务，才符合国家利益。不过，汽车产业的巨头们是很难抗衡的，民众对汽车的需求量也决定了斗争的无力。

巴鲁克曾经公开表示："如果将我们逼急了，我们就会关闭所有的汽车制造厂，到时候你们后悔都来不及了！"话虽然说得很无情，但实际上巴鲁克并没有对底特律那些工业巨头们采取任何强硬的措施，反而主张通过和平谈判来解决问题。但巴鲁克的耐心和诚意并没有换来相应的回报。底特律方面依然我行我素，没有一点想降低汽车产量的意思。委员会的一位成员提出，可以切断汽车制造商们的钢铁和煤炭供应来抑制汽车的迅猛生产。经过再三考虑，巴鲁克没有采纳这个建议，并劝告成员们再耐心等待些时日。

巴鲁克的等待没有白费，8月份，底特律的汽车制造商主动提出要将生产量降低30%。不过，这个看起来圆满的局面并没有延续多久，当巴鲁克提出"1919年前将民用汽车生产全部转为军用"这一提议后，全国汽车制造商一片哗然，纷纷表示抗议。诸如此类的矛盾一直没有停息，不过在战争硝烟的掩盖下，也很快不了了之了。

其实在与底特律那些汽车巨头的交锋中，巴鲁克并没有全力以赴，他有太多事情需要处理。战时工业委员会曾经派遣了一个由12名委员组成的工作组亲赴伦敦与盟军就战时的货物交换和购买价格进行商谈，取得了十分不错的效果。

这次商谈也并不是一帆风顺的，工作组负责人列兰德·萨默斯亲历了所有的波折。就在启程之前，他还焦急地打电话给巴鲁克，他觉得政府不愿负担旅行费用，工作组一时也无法筹到款，所以向领导申请，想要打道回府。巴鲁克当然不会允许这样的事情发生，他让秘书签发了一张支票，交给了列兰德·萨默斯。

抵达伦敦后，工作组成功地劝说了英国政府，使得他们同意降低出售给美国的黄麻和羊毛制品的价格，并与西班牙做成了一笔用硫磺铵换骡子的交易。除此之外，他们还与当时负责硝酸这一战略物资供应的英国官员温斯顿·丘吉尔进行协商，制定了有关盟军从美国进口硝酸的计划。

当这件事情慢慢为人们所知晓时，所有人都对巴鲁克竖起了大拇指。因为在整个谈判历程里，巴鲁克自掏腰包63572.25美元，为政府节省了几百万的战争开销。

如果说，伦敦谈判让人们看到了巴鲁克的魄力，那么还有一件事情，让人们看到了他的温情。

战争结束之后，战时工业委员会也被解散了。随之而产生的，就是机构里的大量人事变动。战时工业委员会曾经雇用了几百名文秘人员，他们一夕间都成了无业游民。在这些失业者中，大多数是一些年轻的妇女。

巴鲁克对这件事情很关注，他有些担心。于是，为了抚平失业者们的创伤，他雇用了一位非常有经验的女社会工作者，专门与失业的妇女们沟通，帮助她们解开心结，并告诉她们与其在华盛顿大街漫无目的地找工作，不如回到各自的家乡从事农业或是其他工作。不仅如此，巴鲁克再次自掏腰包，花了4.5万美元，为想要返乡的妇女们购买火车票，不论她们的家离华盛顿有多远。

更贴心的是，返乡的妇女们在上火车前都收到了一张印有巴鲁克地址的明信片，她们热泪盈眶，感觉到了被关怀的温暖。在她们回到家乡后，纷纷把明信片寄了回去，以表示人已经安全到达了。这些明信片巴鲁克一直珍藏着，它代表着回忆，也代表着曾经的成绩和获得的爱戴。

5. 麦克阿杜

在巴鲁克的政治生涯中，除了威尔逊总统，还有一个重要的人物，他就是威尔逊总统的女婿——麦克阿杜。巴鲁克之所以能在一战期间出任战时工业委员会主席一职，实际上全靠麦克阿杜的支持。巴鲁克深知这一点，并一直对麦克阿杜心存感激。

麦克阿杜是一个有政治野心的人物。1920年，他在洛杉矶建立基地，为竞选下一任总统做准备，巴鲁克对此提供了不少支持。每一位总统候选者背后都会站着金融大亨，巴鲁克不只拿出金钱来给麦克阿杜做竞选经费，还公开赞扬麦克阿杜，他说："麦克阿杜无疑是总统候选人中最优秀的一个，他应该会赢得人们的爱戴。"

无论是自身能力还是群众基础，麦克阿杜都具备了一定的优势。可是，就在一切顺遂的时候，事情有了变故。一位石油大亨向参议员调查委员会交代，他曾经给政府的内政部长送去一只装有10万美元现钞的黑皮包。而这位石油大亨的律师正是麦克阿杜。这个消息在政界引发了不小的地震，不久，麦克阿杜又被揭露以律师定金的方式收取了5万美元。舆论的压力迅速铺开，让麦克阿杜很头疼。

作为朋友，巴鲁克明白这种状况有多被动，他冥思苦想，觉得不如劝说这位朋友主动退让，以此来博取公众的同情，挽回总统候选者的提名。但是，当巴鲁克将退让的声明拿到麦克阿杜面前时，麦克阿杜坚决拒绝签字，无奈的巴鲁克威胁他，如果不签会停止对他的财政支持，麦克阿杜还是执意不签。最后，巴鲁克只好叹了口气，收起了声明，选择了继续无条件支持这位倔强的朋友。

1922年6月24日，纽约麦迪逊花园里上演了一出政治闹剧，这也是民主党自建立之日起会期最长、破坏性最大、冲突最为尖锐的一次会议。候选人们像是一个个小丑，脱下了平日里温文尔雅、彬彬有礼的伪装，面对面地相互攻击，互相贬低。电台进行了现场直播，美国民众们都惊讶地听着候选人们的相互指责，包括一些诸如"蠢货"、"闭嘴"之类的词语。

6天之后，民主党候选人选举投票正式开始。获得提名要得到723票，可是以现场的局势来看，若没有人做出让步，则哪一方都无法达到723票。第一次投票的结果是：麦克阿杜431.5票，史密斯241票，昂特伍德42.5票。无奈之下，投票结果只得再三作废，进而反复重新投票。到了7月4日这一天，已经是选举的第六十九次投票了，不过状况还是没什么起色。虽然麦克阿杜得票数上升到了530票，但距离提名仍有差距。巴鲁克急得如同热锅上的蚂蚁，他想了很多办法，比如劝说史密斯退出，但是被史密斯一口回绝了。

到了第八十七次投票时，人们已经不耐烦了，结果依然没人胜出。麦克阿杜也感到了厌倦和绝望，终于在第100次投票时宣布退出。最后，在第103次投票中，约翰·W·戴维斯打破窘境，成为一匹获胜的黑马。

对于这样一次经历，巴鲁克并没有表现出抱怨，他坦然接受这样的结果，祝贺戴维斯的成功，也尊重麦克阿杜的选择。不过，他也因此下定了决心，今后不再参与总统大选的初选。后来，巴鲁克还是给民主党的候选人捐过款，但是他只支持整个民主党提出的候选人，而不再支持自己看中的某个候选人了。

竞选总统候选人提名失败后，麦克阿杜调整了生活的重心，开始向着另一个梦想努力——成为富翁。只是命运使然，麦克阿杜始终没有发财。麦克阿杜去世后，当他的女儿找到巴鲁克，告诉巴鲁克自己想找一份工作时，巴鲁克心里很酸楚。这位老朋友离世的时候，竟然只给妻子留下了800美元。

麦克阿杜不算是一个成功者，他没有在政界飞黄腾达，也没有在商界扬眉吐气，细细品读他的人生，其实有些悲哀的滋味。但是对于巴鲁克来说，麦克阿杜有着非凡的意义，不论是引荐巴鲁克进入白宫，还是引荐他进入战时工业委员会，还是推荐他成为主席，都是巴鲁克扬名白宫的基础。说麦克阿杜是巴鲁克的贵人，也并不为过。

第八章 战后登上外交舞台

1. 为国家做一点事情

卸任战时工业委员会主席之后,巴鲁克决定对自己未来的路进行些许调整。在这期间,他也接到不少邀请,包括接替麦克阿杜成为财政部部长。不过经过深思熟虑之后,巴鲁克还是拒绝了,因为犹太人身份的敏感,可能不知何时会给政府带来麻烦。

巴鲁克决定去一次巴黎,代表威尔逊总统做外交和谈。1919年元旦,巴鲁克乘着乔治·华盛顿号汽轮出发了。坐在船上的巴鲁克心里也有些忐忑,他明白自己身上担负的责任,也明白这是一次新的挑战,除了勇敢面对,他没有退路。

除了巴鲁克,乔治·华盛顿号上还载着两名军官以及他们带的50位军队文书,2000袋给军队带去的邮件,还有价值200万美元的黄金。海军部长罗斯福、战时的运输官、钢铁大亨查尔斯·施万勃等也都在船上。除此之外,来自墨西哥、中国、拉美的和谈代表也在其中。

到达巴黎后,巴鲁克获得了任命,进入了赔款委员会中工作。这项任命并不像看起来那样风光,在经历了战争之后,欧洲已经元气大伤,赔款委员会可不是什么好干的差事。在一战后的混乱局势里,每个国家都经历了不同的伤痛,每个国家的人对于"和平"也有着截然不同的理解。虽然整个欧洲对美国怀揣着敬佩之情,也完全可以容忍美国提出的"14点和平纲领"和建立国际联盟的协议,但另一方面他们难以抑制对战利品(德国)的渴望。

与欧洲的立场不同,一战后迅速崛起的美国有着另外的看法,他们认为如果过度地削弱德国，索取更多的赔款，欧洲就会失衡，获得利益的欧洲国家可能会迅速反扑，威胁美国对欧洲的影响力。于是，美国声称只要赔偿合理即可。对待德国赔款一事，每个国家都打着自己的算盘，让巴鲁克和整个赔款委员会十分头疼。

头疼的事情还不止这一件，巴鲁克除了是赔款委员会成员，还是控制及担保措施小组委员会的成员；既是参加和平谈判的美国代表团的一员，又是高级经济理事会的一员。另外，他还在食品信贷及原料专门委员会、经济条款委员会（关于奥地利、匈牙利及保加利亚的）、赔偿委员会和经济条款起草委员会中担任要职。在多个头衔之下，巴鲁克在巴黎忙得不可开交，他也开始感到势单力薄，比如起草工作就需要大量技术上的支持，于是他为自己搜罗了不少人才。

虽然身兼多职，巴鲁克还是将多项工作安排得井井有条，他在勃盖街10号找到了一个三层楼高的办公场地，将自己搜罗的人才聚集在那里。同时，为了配合巴鲁克的工作，国务院联合机动车队给他及助手配备了3辆轿车。

在巴黎和会召开期间，美国代表团有5名经济顾问，分别是巴鲁克、胡佛、麦考米克、戴维斯和亨利·M·鲁滨逊。有利益的地方就有斗争，为了彰显自己的地位和能力，这5个人之间难免做些勾心斗角的事情。其中，巴鲁克和胡佛之间的斗争最为明显，有时在公开场合也对着干。

有一次，王室的车队行驶在比利时的街道上，车队里有美国总统夫妇、比利时国王和王后及他们的随从。在王室的车队里，等级观念是十分严格的，每台车行驶的先后顺序必须严格按照级别排列，级别较低的跟在后面。那天，巴鲁克和威尔逊总统的海军顾问兼私人医生少将凯利·T·格雷森，还有第一夫人的社交秘书埃迪斯·海尔姆共乘一辆车。但是令巴鲁克不快的是，他的车居然在胡佛的车后。于是他对司机说："请无论如何超过前面的车，并且保持领先，你将获得100法郎的酬谢。"

在100法郎的诱惑下，司机对巴鲁克的要求十分配合。他猛踩油门，迅速地从胡佛的车旁呼啸而过。但巴鲁克的这点小举动并没有引起胡佛的重视，他只是在当晚的国宴后，无意间向车内的其他成员询问过原因，没得到任何合理解释的他，也没再多说些什么。

同为美国代表团工作人员，巴鲁克和胡佛这对冤家可谓是"低头不见抬头见"。他们之间的微妙反应并不是什么秘密，巴鲁克也不会放过任何一个讽刺、挖苦胡佛的机会。一次晚宴上，巴鲁克时常将眼神飘向胡佛，他发现胡佛身边围绕了很多美丽姑娘，但胡佛没有任何举动，不与其中的任何一个姑娘聊天，只是低头进餐。巴鲁克心想："这个人的反应真是不正常。"

巴鲁克微笑着走到胡佛的跟前，别有用意地说："老兄，身边这么多美女，你是怎么做到坐怀不乱的？"胡佛一头雾水地看着他，说："你说这话是什么意思？"看着胡佛惊讶的样子，巴鲁克心里很得意，总之，他认为自己嘲笑了对方，在两个人的较量中又赢了一回。

尽管巴鲁克和胡佛之间经常会出现类似的小插曲，但这并不是什么稀罕事，美国代表团的其他成员之间也同样存在。而且到了原则性的问题上，比如对待战时经济控制政策，他们的立场是完全一致的。作为一个有专业精神的工作者，巴鲁克不会因为细小的事情而影响自己在大事情上的判断。国家的利益和个人的成败得失究竟哪一个重要，他心里还是明白得很。

在巴黎，巴鲁克在多重身份之下忙碌着，也感受到了充实的快乐。很多人对他的选择感到不理解，为什么要把自己弄得那样忙碌，难道过舒适一点的日子不好吗？可是只有巴鲁克自己知道，生活的意义不仅仅是获利，更是为了实现自我价值，为国家做一点事情。

2. "单人委员会"

巴鲁克曾经有一个封号叫作"独裁者"，这个词语在一定程度上说明了他的领导方式。在一战期间，为了保证政府部门的高效运转，也确实需要一个强势的、有能力的人来领导。在特殊的战争环境下，说一不二的领导方式是十分必要的，如果每一道命令都要反反复复推敲，走繁琐的程序，美国则可能会有另外一个截然不同的结局。

不过，当战争结束时，独裁式的领导方式便失去了土壤，政府部门的工作方式都慢慢回到了正轨上。巴鲁克感到了一些不适应。

以一次巴鲁克主持的会议为例，在"讨论该不该给德国运羊毛"为主题的会议上，与会者一直争论不休。乱哄哄的局面让巴鲁克很无奈，想当初，在战时工业委员会任职期间，可从未出现过这种情况。最后，忍耐到了极限的巴鲁克拍了拍桌子，发表了自己的看法。对于巴鲁克的看法，立刻有一位英国代表表示赞同。可是没过多久，讨论再一次陷入了困境。这时一位在座的委员提出建议："我们再找其他委员会协商一下吧。"

这句话惹恼了巴鲁克，他按捺不住心中的怒气，大声喊道："协商？为什么要和其他委员会协商？是封锁委员会吗？曾经有人建议我到那个委员会去，但是我拒绝了。我们为什么一定要在这里毫无意义地争论？我提醒在座的各位先生，他们什么都做不了！谁能改变这种状况？我们能，因为权力在我们的手里。"

巴鲁克的震怒让在座的成员都吃了一惊，但还是有人坚持要找封锁委员会的人来决定此事。巴鲁克赌气地表示："封锁委员会就在楼上，让他们去做吧！"

因为内心的极度恼怒，巴鲁克毫不掩饰地表达着自己的观点："大家算一算，在巴黎待了90天了，我们还记不记得是来做什么的呢？可事实怎么样？我们嘴上说应该早些取消封锁，但是什么也没做，一切还是老样子。这样浪费时间有任何意义吗？按照我的意思，大家不要再争论了，解决问题才是燃眉之急……"

一位名叫哈里斯的英国代表听完巴鲁克的话，不服地反驳："巴鲁克先生，如果什么事情都是您一个人说了算，我看你干脆成立一个'单人委员会'吧。"

巴鲁克毫不让步，说："可惜您不能代表政府向我授权，否则我还真想成立这样的委员会！"

"巴鲁克先生，这是个笑话，没有人能自成其委员会的！"

"那可不一定，如果世界需要一位独裁者，那么就是现在。"

从这一番激烈的对话中可以看出，战争结束后，绝对权力的缺失对巴鲁克而言是很令人沮丧的。他习惯了说一不二，习惯了雷厉风行，如今却要处处忍让，常常身处在无休止的争论和研究中，他感到很不习惯。

在一次讨论能否交换硝酸盐的会议中，巴鲁克再次感受到了这种无力，他感叹："战争期间，很多事情的决定都是快速而有效的，如今战争结束，却不再拥有这样的权力了。"如果把交换硝酸盐的事情放在战时，怎么会总是节外生枝，巴鲁克一个人就可以做主决定。不过今日不同于往昔，在高级经济理事会的财政部碰头之前，任何人运送哪怕一克硝酸钠去波兰，都是不被允许的。

其实，巴鲁克主张相关部门应该立刻行动，不要总是议而不决的想法显而易见。可就在巴鲁克为了宣传自己的主张而表现得咄咄逼人的时候，形势又发生了变化。当英法等国开始按照巴鲁克所主张的方式采取实际行动的时候，美国人自己却心不在焉起来。他们的具体表现是：在约翰·梅纳德·凯恩斯（英国代表团顾问，英国经济学家，凯恩斯主义创始人，他认为失业和经济危机的原因在于有效供给不足，主张国家干预经济生活并管理通货膨胀。）提议向各国政府出售债券以筹措战后重建所需要的费用时，遭到了美国人的反对。另外，在英国代表团提议保留战时成立的各种联合采购团，以此控制商品价格时，美国人也说了"不"。为什么在其他国家都动起来的时候，美国反而扯了后腿呢？也许巴鲁克的一番话能说明问题所在，巴鲁克说："我认为，和平时期商品供给之间自由运作、自行调节是解决市场问题的最好方法。政府一味地对其进行严格的控制只会适得其反。"

绝对权力的流失固然让巴鲁克产生了一些不适应，但总体而言，他还是识大体的。作为一名国家的经济顾问，他坚守的原则永远是"国家利益至上"。他认为，即便很多事情必须立刻解决，可并不代表可以盲动，凡事一定要遵照它固有的发展规律，这样问题才能得到最好的解决。

3. "节俭"和"富有"矛盾吗？

从巴鲁克的特殊身份来看，巴鲁克与其他外交官是有所区别的。因为他除了政府工作者的身份，还是一位知名的富豪。拥有金钱是一件快乐的事情，巴鲁克很懂得享受生活，因此在很多场合都彰显着自己的财大气粗。

在巴鲁克40岁生日的时候，他在里茨饭店举行了一场盛大的晚宴。多年后，罗斯福的内政部长哈罗德·伊克斯还在自己的日记中重温晚宴的豪华。为了彰显自己的品位和财力，巴鲁克在每一个细节上都下足了功夫，令所有的嘉宾惊叹不已。

不过，如果说拥有大量财富的巴鲁克十分重视生活的品质，说他是一个非常懂得享受的人，好像他与"节俭"二字就毫无关系了。但事实不是这样，在巴黎和会期间，大力宣传节俭观念的人也是他，这看起来有些自相矛盾，但是也不无道理。

在《路易斯维尔邮报》工作的年轻记者亚瑟·克罗克曾经最直观地感受过这种"节俭"和"富有"之间的矛盾。有一次，他同赫伯特·斯沃普相约来到里茨饭店，约巴鲁克做一次关于未来经济形势的采访。亚瑟·克罗克清楚地记得，当他走入巴鲁克的房间时，这位懂得享受的富豪悠闲地躺在浴缸里，身边有一位指甲修理师在低头工作，还有一位负责引荐的服务生在一旁等待。不止如此，一位专业理发师也准备好了各种工具，在等待巴鲁克出浴，贴身男仆莱西时刻等待着主人的命令，寸步不曾离开。

两位记者进入房间后，巴鲁克探了探身子，对两位朋友表示友好的问候。访问开始后，克罗克提出了一个郑重而又严肃的问题："巴鲁克先生，目前，美国人已经为欧洲乃至全世界挽救了民主，您是否对他们有些忠告呢？"

巴鲁克思考了两秒钟，郑重地回答："忠告是有的，美国人必须踏实工作。还有，要节俭。"

这个回答让克罗克愣了一下，他再次打量了一下巴鲁克，扫视了一下房间的摆设和所有的阵仗，迟疑地问："您说节俭吗？""是的，节俭。"巴鲁克回答。不过，他马上就反应到克罗克的话中有话，也忍不住轻笑起来。

其实，仔细想来，追求个人生活的品质和在政府角度主张节俭并不是什么不可调和的矛盾。巴鲁克认为，在对外借款的问题上，美国的确应该节制一些，并且要以相关政府建立自由贸易制度作为回报。毕竟在这个问题上，涉及到的都是难以估算的天文数字。

"要节俭，要工作。"这的确是代表了巴鲁克真实观念的简单哲学。在巴黎的时候，他给在米尔顿学院读书的儿子写信，信中如此写道："虽然现在已经是太平盛世，可我们依然要继续努力，我们每一个人必须工作。工作可以治愈一切，人生在世必须要有目标，这是我对你的要求，否则我会很失望，相信你也会过得空虚。"

巴鲁克的财富让他可以展示自己的品位，他的胸怀让他可以展示大度，但是作为一名外交官，在圆滑的性格、拐弯抹角的外交辞令方面，他却始终没有适应。他的身上保持着一种商人才具备的直截了当。有好多次，他身边的伙伴都被他大胆的言论吓得惊恐不已。

举例来说，在一次关于原料的会议上，巴鲁克这样说："下面进行本次会议的第四项内容，由战争储备委员会作工作进展报告。嗯，我顺便问一句，现在还有人能将东西卖出去吗？"

罗伯特爵士回答说："确实，现在哪有人还有钱买东西呢？"

"他们都在等着美国人将钱放在他们的手中呢！"

巴鲁克和罗伯特·西塞爵士的一段对话，也让人们看到了他语言上随心所欲的特点。他的话很符合现实，也没有半点遮掩。不过，整个美国和谈代表团中，可能只有巴鲁克会采取这样的表达方式。有人感到这不是一个成熟的外交官该有的样子，可毋庸置疑，这就是真实的巴鲁克。

虽然巴鲁克自己过着富裕的生活，但当面对国家大计时，他更偏向于用经济专家的思维去思考，尽心尽力为美国省钱。虽然他喜欢直言不讳，但是习惯了他表达方式的同僚，无不被他精辟而不做作的分析所折服。巴鲁克用他的真性情在美国和谈代表团中体现着他的价值，影响着每一个身边的人。

4. 为和平协定奔走

众所周知，著名的《凡尔赛合约》标志着第一次世界大战正式结束。巴鲁克也有幸出席了在凡尔赛宫举行的条约签订仪式，这一天距他乘船抵达巴黎已经过去大约半年时间了。在条约中，除了赔款问题，美国对大多数内容都是认可和满意的，而这与巴鲁克的努力是分不开的。

回到纽约后，巴鲁克立刻忙碌起来，为争取和平协定的支持而奔走。要想说服人们支持和平协定，就必须解释清楚合约的内容和签订的初衷，因此，巴鲁克做出了书面的详细解释，派人交给了相关人士。

虽然美国合约谈判代表团在巴黎已经完成了合约谈判的任务，但他们必须在参议员外交委员会举行的听证会上接受听证，而巴鲁克作为代表团成员第一个出面作证。即使他早有准备，困难还是存在的。他既要维护合约文本，又要有技巧地向委员们解释为什么和约并不完美。其实，巴鲁克本人也对和约的部分内容并不满意，特别是赔款问题。但是为了大局，他不得不暂时谨慎对待自己将要发表的言辞。

巴鲁克先是用一段流利的英法互译打造了听证会的精彩开篇，所有在场的参议员对他交口称赞。随后，巴鲁克有条有理地阐述了和会上制定经济条款工作的实际情况。听证会上，也有人提出质疑，比如加州共和党参议员海姆·约翰逊。他犀利地问道："人们都说和约中的经济条款是由英国人一手炮制的，巴鲁克先生要如何解释呢？"巴鲁克不紧不慢地回答："您会相信这样的言论吗？很遗憾，我不是英国人。"

"好，那赔款数额不确定一事，您又做何解释呢？"听了这样的问话，尽管巴鲁克对赔款数额不确定也是持反对态度的，但也只得解释下去："战后的经济形势很难判断，所以德国的偿还能力还不得而知。在这种情况下，确定赔款数额是根本不现实的。"

听证会到了尾声，巴鲁克进行了自己的总结发言。他说："条约中经济条款方面的内容是严厉而且严肃的，每个字都十分公正。在此我想声明，设立赔款委员会是切合实际的安排，它的成立将帮助我们有效地开展工作。"这样的总结，让巴鲁克自己也有些心虚，所以语气也不是那么坚定。眼尖的约翰逊议员觉察到了这一点，他追问道："巴鲁克先生，您在做最后总结的时候是不是有点迟疑？"

"当然没有这样的事情。"

"是的，您可以矢口否认，但条约的很多内容都是不确定的，未来会怎样呢？"

"我只能说，我从不惧怕'未来'。"

精彩的听证会结束了，但合约并没有在共和党控制的参议院顺利通过。在外交委员会主席亨利·卡伯特·洛奇的亲自导演下，参议院的反对表现在对合约的冷漠和故意拖延合约通过时间上。亨利·卡伯特·洛奇甚至花费半个月的时间，只是每天对着委员朗读条约，即使没人听也一样。接着，他又用一个半月的时间组织听证，甚至在1919年8月19日这一天用了3个小时的时间向总统本人亲自问讯。从洛奇的行为中，能看出参议员反对条约的态度非常坚决。

为了让美国人民支持合约，威尔逊总统开始了漫长的全国巡讲之旅。在历时22天的巡讲之旅中，他呼吁民众支持合约，演讲了一场又一场，直到体力不支，病倒在科罗拉多州的普韦布洛，威尔逊总统才返回了白宫。

在这件事情上，巴鲁克显得冷静许多，他没有任何过激的举动，还尝试着劝说威尔逊总统接受参议院的建议。巴鲁克这样做是有原因的，他觉得与小小的改动相比，通过听证，赢得众人的支持才是更实际的。最初，威尔逊总统还转不过来这个弯，但是渐渐地，他也意识到了巴鲁克说的对，于是同意了参议院的建议。在此之后，威尔逊总统总是夸奖巴鲁克："这家伙想得对。而且最为难得的是，他敢对我说真话，说正确的话。"

就在威尔逊总统态度上发生了转变，让《凡尔赛合约》通过参议院听证的胜算越来越大时，又出了变故。1920年初，凯恩斯出了一本名为《和平之经济后果》的书，这本书改变了事情的发展。

凯恩斯的书非常有煽动力，完全起到了怂恿美国民众反对条约的效果，这对巴鲁克这些极力游说民众支持条约的人来说，无疑是一个致命的打击。最后，在这本《和平之经济后果》的帮助下，条约反对派终于实现了自己的目的，参议院再一次否决了《凡尔赛合约》。

听说了这个消息的巴鲁克十分震惊，他对凯恩斯的行为非常痛恨，下定决心一定要反击，给凯恩斯点颜色看看。

5. 巴黎发生了什么

对凯恩斯的反击，巴鲁克采用了"以牙还牙，以眼还眼"的方式。他也出了一本书，一方面澄清是非，一方面将矛头指向了合约的反对者们。所有被假象蒙蔽的人们都有权利知道，在巴黎究竟发生了什么。

1920年9月，巴鲁克的书出版了，它有一个很平淡的名字，叫做《和约中赔款及其他经济部分的形成经过》。从叙述风格上看，人们认为这绝对不是出自巴鲁克之手，粗略读来，全书丝毫没有提及任何成绩，只是利用史实和资料，来完成一件件客观事件的描述。美国民众们的猜测是正确的，这本书并非出自巴鲁克之手，而是找人捉刀代笔，这花费了他1万美元。

但是如果有心人仔细阅读就会发现，书里面还是带有明显的巴鲁克的痕迹，比如，书中有这样的表述："如果谁敢说自己可以不根据条件变化、人力所及，在巴黎和会上为德国赔款问题寻找一个明确而稳妥的解决方法，而且还能被国会一次性通过，那么这个人不是脑子有问题，就是一个不切实际的理想主义者。这是所有美国代表团成员追求的目标，但能否达成并不取决于我们。"这句话就像是从巴鲁克的嘴中脱口而出一样。

毫无疑问，巴鲁克出书的目的就是想要反击凯恩斯。不过，他的修养还是使得他没有在书中使用任何过激言论，甚至连凯恩斯的名字都没有提到，只是用了"和约及总统观点的反对者之一"这样的称呼和概念。整本书让人们感受到的是，巴鲁克不是在表达什么个人观点，而是用客观存在的事实告诉大家，巴黎发生了什么，代表团究竟在巴黎做了哪些努力。

巴鲁克的书获得了很多赞誉，很多媒体都对其大加称赞，比如《民族》周刊、《新共和》杂志、伦敦《观察报》。最让人跌破眼镜的是，凯恩斯也在报纸上公开对巴鲁克的书给予了肯定，他对书中引用的许多被视为"绝密文件"的材料表示了吃惊，并表示自己对巴鲁克书中的一段话印象非常深刻："就我个人而言，那些参加巴黎和会谈判的代表们虽然个个能力超群、情操高尚，但是他们被束缚在'国家意志'这一巨大的车轮上。"

巴鲁克"通过出书澄清是非"的举动，让人们更直观地知晓了巴黎发生的事情，明白了事情的真相，也获得了"敌人"凯恩斯的赞赏。

巴鲁克和威尔逊总统因为第一次世界大战而成为并肩战斗的工作伙伴。1919年，威尔逊总统在连续走访全国各地发表演讲之后，终于累垮了。在科罗拉多州的普韦布洛发表完推广国联的演讲后，他昏倒在地。祸不单行，不久之后一次严重的中风发作，几乎令他完全丧失了工作能力。他的左半边身子完全瘫痪，左眼也失明了。以后的日子里，他不得不依靠轮椅生活，即使后来有所好转，直到他去世前也只能靠拐杖走路。

患病后的威尔逊身心俱疲，宣布不再参加总统竞选。在政界工作的人总是更能够体味到什么是世态炎凉，仿佛一瞬间，那些身边熙熙攘攘的人群就消失了。也许人与人之间的利用关系是赤裸裸的，但此时也更能看得出，谁才是真正的朋友。

巴鲁克就是那个付出了真心的朋友，在威尔逊生病的时候，他经常去探视。在威尔逊总统去世前的几个月，他们还推心置腹地长谈过一次。

巴鲁克永远记得那一幕,他坐在桌子的旁边,威尔逊将自己瘫痪的胳膊放在小桌上,吃力地说:"我有时候在想,我在那个时候倒下也许就是天意。但是如果我的身体健康,我会将国联搞下去。我反思过,国联之所以遭到了很多人的抵制,说明世界还没有为它的存在做好准备。法国和意大利等国对建立这样的组织态度冷淡,可能时间和某些不幸的事件会说服他们认识其中的必要性。我明白也许是我的计划太早熟了,对这个计划来说,这个世界还不够成熟。可能以后其他人再提出这个方案就不会遇到如此多的阻力了。"

当听到这样的话时,巴鲁克的心里很不好受,但是一时之间没想起来该说些什么。沉默了半晌,他回答道:"威尔逊先生,我认为您想将自己的想法付诸于实践完全出于好意,您没有任何过错。"这句回答使得两人之间的探讨草草结束了,多年后,当巴鲁克回想起这一幕,心里充满了懊悔,如果当时多说些什么该有多好!可是,时间难以逆转,逝去的人也听不见了。

第九章 投资史上的永恒传奇

1. 识破虚假繁荣

有一句话说得好:"成功者往往不是赢在起点,而是赢在转折点。"和很多成功者一样,在巴鲁克的职业生涯里,有一件事情成就了他的传奇,那就是让很多人倾家荡产的1929年大股灾,巴鲁克以非凡的判断力和决策力,在这次股灾中全身而退,因而成为华尔街的英雄,并被人称作"投资鬼才"。

在那一场暴风雨来临之前,股市处于"一片大好"的佳境,甚至可以列为"牛市"。1929年8月,道·琼斯指数还曾经一路飙升到400点,与1928年初的200点相比,几乎翻了一倍。股民们欣喜若狂,都在"牛市"的繁荣下放松了警惕,当股市崩盘的时候,很多人都未能及时撤离,损失惨重。

涉足政治领域之后,巴鲁克曾经多次宣称自己不再留恋股市。但是现实的情况并非如此,他的心里还是牵挂着这个让他着迷的领域。从1924年牛市的一开始,巴鲁克便入场交易了,并且运气一直不错。

在股灾来临之前,巴鲁克以超强的嗅觉感受到了大趋势,抛出了手中的股票。这种胆识令人瞠目结舌,而仔细回溯巴鲁克的投资历史,似乎从他1927年抛空通用的股票一事中也能看出一丝端倪。伟大的投资家不是一夜醒来就造就的,而是靠多年的经验历练而成。

在20世纪20年代,通用电气气势如虹,在全球都有一定的影响力,它的股票也一直呈现涨势。在这种前提下,巴鲁克却谨慎地预见到，通用股票不会永远大红大紫下去，不久之后，它将会大跌。确定了自己的判断之后，他决定做空。他先是通过弟弟塞林的公司卖出了3000股，价格为每股150美元。第二年，他又抛空2000股通用。不过现实在考验着他，当时，通用的股票仍然在继续上升。为了补足空头，他中途曾又买进过，但思虑之后，仍然觉得不妥，又以每股176美元的价格卖出了26000股。

现实的考验还在继续，巴鲁克的判断久久没有成真，通用的股价仍然飙升。巴鲁克只得在卖空、期待跌价、以高价买回这个循环过程中反复着，7个月后，巴鲁克卖出了全部的通用股票，损失了40多万美元。在对待通用股票的态度和做法上，巴鲁克对股市虚假繁荣的质疑态度已经很明显，即使在通用的卖空行为中，他没有获利成功，但是他已经隐约嗅出了股市的危机。在所有人都趋之若鹜并信心满满的情况下，他有了不同的感受和看法。

后来发生的一切证明，巴鲁克的预感是正确的。人人都对股市抱有信心时，危机已经悄然来临。1926年秋，佛罗里达房地产泡沫首先被刺破了，在20年代的投机狂潮中，它被炒得非常离谱。不过，类似的事件并没有引起股民的警惕，华尔街陷入了疯狂，缺失了警醒。

仔细想来，当时的美国并未完全脱离一战带来的影响，经济的渐渐回暖和股市的骤然大热是不能对接的。20年代的美国一直处于这个怪异的矛盾中，股民们一厢情愿地相信着繁荣的假象，1928年，股市依旧持续上涨，并显现出一种近乎病态的疯狂。

渐渐地，美国联邦储备委员会有了不好的预感，他们觉得股票价格的高涨过于夸张，恐将失控。在这样的情况下，美国联邦储备委员会宣布将紧缩利率，但并未如愿以偿，原因是美国国民商业银行的总裁查尔斯·米切尔在股市里投入了不少资金，为了自己的利益考虑，他不希望股市下跌。于是，疯狂继续上演，股票经纪商和银行家们每日都在鼓吹利益，希望越来越多的人进入股市。

不止商人们纷纷加入到其中，连一些著名的学者也难以拒绝金钱的诱惑。耶鲁大学的欧文·费雪就是其中的一分子，他甚至在公开演讲中宣称："股票价格已达到了某种持久的高峰状态。"

像巴鲁克一样，也有一部分人渐渐冷静了下来，用质疑的态度来思考这个局面。约瑟夫·肯尼迪（美国总统约翰·肯尼迪的父亲）的观点引起了一些共鸣："如果连擦鞋匠都在买股票，股市的繁荣显然是病态的，不值得信任的。" 约瑟夫·肯尼迪很早就撤出了股市，因此也躲过了灾难，为肯尼迪家族的未来打下了坚实的基础。

1929年9月3日，华尔街的一位统计学家罗杰·巴布森在华尔街的金融餐会上说了一句话："股市迟早会崩盘！"这句话像是惊世预言，一语成谶。但其实巴布森早在两年前就不断重复过这句话，只是被人一笑置之。无论如何，股市的坍塌已成定局，投资者们有人信心满满，也有人半信半疑，恋恋不舍地不愿从利益场中抽离。

2. 格雷厄姆最后悔的事

在1929年的股灾中，损失惨重的除了被利益冲昏了头脑的小股民，一些资深行家也未能逃脱厄运，格雷厄姆就是其中的一位。格雷厄姆十分钦佩巴鲁克，他称巴鲁克为"大人物"。

格雷厄姆全名本杰明·格雷厄姆，他的名字在中国并不为很多人所知晓，可提起他的学生就无人不晓了，中国人最熟悉的巴菲特就是格雷厄姆的得意门生。

格雷厄姆20岁时进入华尔街，当时，巴鲁克已经很有名气了。格雷厄姆视巴鲁克为自己的偶像，将他树立为自己的目标。其实仔细研究就可以发现，格雷厄姆和巴鲁克之间存在着许多相同点，比如：都是从证券经纪公司小职员做起，后来成为合伙人，再后来都决心独立管理投资。

两位华尔街巨子的交往开始于1927年。当时，格雷厄姆给巴鲁克推荐了几只股票，他觉得那几只股票都被低估了，有着很好的升值空间。当时格雷厄姆还是个默默无闻的小人物，但巴鲁克还是认真地听了他的分析，并思虑了片刻，表示认可。从此之后，巴鲁克开始信任格雷厄姆，大量购买了这个小伙子推荐的股票，两人也因此渐渐熟络起来。

格雷厄姆推荐的股票让巴鲁克赚了不少钱。而巴鲁克十分提携格雷厄姆，不仅帮助他进入了两家上市公司的董事会，还把他介绍给了艾森豪威尔将军和英国首相丘吉尔。后来，格雷厄姆在自传中提到过巴鲁克与他合作的细节：

"1929年，巴鲁克让人传信给我，他会在办公室里接见我。信中他还对我说，他要向我提出一个他从未向任何人提过的建议——希望我成为他的合伙人。巴鲁克说：'我今天已经59岁了，是时候轻松一下了，我想让你这样的年轻人来分担我身上的担子，同时你也能分享我的利润。'接着，他又说：'我应该放弃手上的业务，全身心地投入到我们俩新的合伙事业中。'我回答道：'您的建议让我感到受宠若惊。'事实上，我对他的建议感到非常地震惊，但是我不能突然地结束与现有朋友和客户间的融洽关系。就是因为这个原因，这件事情告吹了。如果当时我没有瞻前顾后，那么随后7年的遭遇就不会是那样，那我的生活会多么美好啊！"

书中提到的情节发生在1929年，而就在他们的谈话结束后不久，股灾降临。格雷厄姆后悔不迭，对没有与巴鲁克合作感到十万分的后悔。在这次股灾中，巴鲁克适时退出了股市，而格雷厄姆亏到快要倾家荡产。因为这次股灾，格雷厄姆足足经历了7年低潮期，直到1935年底才将所有亏损弥补回来。

其实，格雷厄姆也预感到了股市即将面临坍塌，但是在同样的判断下，为什么两个人的做法不同，结局不同呢？一个重要的原因是，巴鲁克擅长对人性方面的分析，而格雷厄姆更注重于基本面上的分析。

巴鲁克曾反思过1929年股市崩溃的人性原因，他总结了群众癫狂的两个特点：一是高重复性；"群体癫狂行为在历史上一次又一次地出现，发生的频率如此之频繁，说明它们一定反映了人类天性中具有某种根深蒂固的特质。人们试图做成一些事情，但总是被驱动着做过了头。"二是高传染性；"群体性疯狂行为的另一个特点就是无论受过多高的教育，也无论有多好的职位，都不可避免地受到这种病毒传染。"

巴鲁克和格雷厄姆在做出了同样判断的情况下，因为收手时间的不同，导致了损失大小的截然不同。巴鲁克因为在股市大崩溃前抛出手中的股票而名扬华尔街，而格雷厄姆则因为未参透人性的贪婪，总是幻想坍塌这一天会晚一点到来而赔得很惨重。

股市沉沉浮浮，应该时刻注意规避高风险。格雷厄姆终究还是没有巴鲁克老到与果断，他在这次股灾中交了昂贵的学费，学会了如何规避风险，在这次股灾后的每笔投资中，格雷厄姆开始尽可能追求最高的投资回报率，同时保持最大的安全边际。

3. 在股市大崩盘前跑出去

如果没有1929年那一次经济危机，巴鲁克也会是一个受人尊敬的投资家，但其人生的画卷上会少了传奇的点睛一笔，让格雷厄姆倾家荡产的大危机，他究竟是怎样全身而退的？那最后关头的成功一跳，是基于怎样的考量？这是所有人都会关心和好奇的问题。

在股灾发生那年的夏天，巴鲁克还悠闲地享受着他的欧洲之旅，和所有人一样，他还不知道那一年会对自己的人生产生怎样的影响。不过旅途中的他可没有脱离股市信息，每一项最新动态他都知道。斯沃普正是为他提供信息的人，这个听话的家伙坐在家中，密切关注着每一点的涨落，并累积了很多有效的人脉，相互帮忙，互通信息。

巴鲁克的"欧洲之旅"持续了两个月之久，1929年8月，他来到了一个漂亮的"旅游国家"——苏格兰。入乡随俗的他，也学着当地人穿起了苏格兰花呢装，蹬上结实的靴子、肩扛着猎枪，整日在沼泽地边逡巡，耐心地寻找着他的猎物——松鸡。

虽然架势拉得好，巴鲁克最后只打了306只松鸡，按照他的宏伟计划，起码要打上1600对才肯罢休，是什么原因让他的水准大跌呢？这可不仅仅是狩猎技巧的问题，而是注意力根本无法集中的缘故：事情的始作俑者正是千里之外的斯沃普，股市风云变幻，斯沃普的消息传递很及时，巴鲁克经常被它们分散精力。不过巴鲁克并没有显出有什么不耐烦，乐观的情绪让他可以通过电报进行交易。

8月中旬，他以每股将近30美元的价格购进了700股股票，是马里兰州硅胶股份有限公司的。这不是他第一次购买该公司的股票，几个月前，他还刚刚买进了一些，那时的价格高达45美元一股。需要注意的是，马里兰州硅胶股份有限公司其实是一家十分不起眼的小企业，巴鲁克如此买进有何用意呢？原来，他注意到了在平均指数的强大作用下，只有小型企业的那些交易不活跃的股票，其颓势才不那么明显。

除了信息的对接，身在苏格兰的巴鲁克偶尔也会渴望与业内人士保持联络，以保证自己跟得上华尔街的形势。他最常做的就是给花旗银行董事会主席查尔斯·米切尔发电报，征求他的一些意见。

查尔斯·米切尔有一个很有特点的大脑袋，言谈举止非常有个性，这位银行家喜欢打桥牌，巴鲁克也曾经是他的牌友，两人还一起狩猎过。巴鲁克之所以这样在意米切尔的意见，说明他对这位老朋友信任得很，不过，股市无情，这种信任也曾让他损失严重。远的不说，只说1927年，巴鲁克对一家古巴糖厂产生了投资的兴趣，决定对它进行风险投资，就是受米切尔的影响。但这家糖厂最后一蹶不振，巴鲁克为此损失惨重。

不过，投资领域里没有常胜将军，正常概率下的判断失误，巴鲁克承受得起，但他因此开始质疑米切尔的专业水准。遥想当年，米切尔先生从站在银行外出售证券开始做起，后来他管理下的证券推销员从4个人发展到1400人，在55座城市建立了分支机构，并成功地向人们灌输了这样的思想：只有推销员而不是其他任何人，才独具发现潜在投资人的慧眼。在股市崩溃前，人们称米切尔为"查理大帝"，不过，股市崩溃后他的称呼立刻变成了"光光查理"。8月21日，巴鲁克收到了米切尔打来的极度乐观的电报，电报上写道：

股市整体上看格外稳定，只有不多的几处情形不是很好。信贷状况基本上没受到贴现率（贴现率是指将未来支付改变为现值所使用的利率，或指持票人以没有到期的票据向银行要求兑现，银行将利息先行扣除所使用的利率。这种贴现率也指再贴现率，即各成员银行以已贴现过的票据作担保，向中央银行借款时所支付的利息。）下调的影响，请放心。货币适时疲软，但在月底应该会坚挺起来。证券市场价格集中于走俏的股票，可相当一部分的价格高得不正常。同时，另有很多股票，比如铜、钢铁、汽车等，价格低得也不合理。我认为，这些因素虽然不会影响企业，但会影响股市，毕竟后者是经济繁荣与否的风向标。总之，请你相信，现在的状况没有您离开时那么悲观了。

"这个家伙是个冲动的乐观主义者，他说的话我可得好好分析一下。"巴鲁克对这位老朋友有了戒心，没有为其中的信心百倍而迷惑，看过电报后，巴鲁克立刻予以了回复，他客气地表示了感谢，也顺便询问了一些细节。

第二天，米切尔在电报中告知巴鲁克，汽车股票貌似前景不错，森蚺公司的股票即将上涨。在平常看来，这是一个再普通不过的消息了，职业的敏感性使得巴鲁克对这个消息念念不忘，那一天，他正在泽地边散步，和潘兴将军聊着天，一切都是寻常的。忽然间，他停住了脚步，中断了谈话，坚定地说："我要返回纽约了。"潘兴将军目瞪口呆地看着他，但巴鲁克可不是说说而已，他立刻收拾行装踏上了归途。

回到纽约后的不到两个星期，巴鲁克就做出一个大动作：他通过与斯沃普公共的户头，卖出了2万股美国广播公司的股票，总价值200万美元。要知道，此时股市一片低迷，除了美国广播公司的股票外，几乎所有的股票都在下跌。道·琼斯平均指数自从9月3日之后一路下滑，到了9月27日已经下挫了11点，跌到了345点，比起24日前下降了9%。

尽管股民们心急如焚，他们期待着10月会有转机，但事与愿违，股市依然在不停地跌。10月8日，巴鲁克反应敏锐，及时脱手"森蚺"，赚到了8000美元。10月21日，也就是"黑色星期四"之前的最后一个星期一，他和斯沃普以买进1700股"美国广播公司"股票结束了一系列的卖出行为，两人各赚到了100584.22美元。星期三这一天，股票交易所的主题依旧是"跌"，不停地"跌"。广播公司的股票跌至68.5点，落了11.75点；电信的股票落了15点，跌至272点。一家名为"亚当斯特快"的信托投资银行，前一天还没有明显的变化，而星期三这一天就突然跌了96点，跌至440点。这一天道·琼斯指数下跌21点，如果作个比喻，这一跌落相当于某个股票从5000点的高度下落到了300点。如此大幅度的跌幅甚至比臭名昭著的"黑色星期四"还要大，只不过星期四这一天，一切有条不紊的假象都丧失了，人们开始变得惊慌失措，近乎歇斯底里。

为了拯救股市，一群银行家走进了J·P·摩根设在华尔街23号的办公室，商议着以什么样的姿态支撑股市。银行家们的参与让很多人相信新的时代即将来临，股市一定会止跌回升。巴鲁克同样相信一切都在好转。他甚至在11月7日，股市开盘后略有回升这一天激动地给他的朋友发电：在这个国家，糟糕的局面总不会持续太久！11月15日，他又给在股灾中损失严重的英国首相丘吉尔发电：金融风暴肯定已经过去了！

不过巴鲁克这次的判断又出现了失误。事实上，这场金融大衰退和他自己的坏运气一样，不知道什么时候是个尽头。1929年圣诞节期间，巴鲁克心爱的"水上庄园"赫伯考竟然失火了。虽然当时住在主屋中的巴鲁克夫妇和他们的三个孩子安然无恙，但是这栋房子完全毁了。更不幸的是，在房屋重建过程中，又一场大火耽误了工程的进度。华尔街的股市也一样，11月中旬时，看似最糟糕的局面即将结束，而且到了1930年4月，道·琼斯指数确实回升到了300点。可好景不长，6月底的时候又降回到了212点。大约·年后，平均指数竟然降到了128点。

由于对股灾后股市行情的发展判断失准，着实让巴鲁克损失了一些钱。但他在这段期间的失误无法掩盖他在股灾到来前抛空股票的英明之举（虽然没有巴鲁克具体卖空股票的记录，但是从后来他的秘书对其财产做出的统计表中能够发现，巴鲁克在股票大幅度跌落之前，卖出了他手中绝大多数的股票）。

事实上，在这次美国历史上乃至世界历史上最为严重的股灾中，能够全身而退的人少之又少，而巴鲁克就是其中之一。

4. 对黄金的兴趣

1931年，华尔街的股市依然被愁云惨雾笼罩。巴鲁克减少了交易，几乎不再做空。这让他的秘书博伊尔小姐变得清闲了，心血来潮的她竟然主动统计起了巴鲁克的股票、债券、现金及他给朋友们的借贷。她将统计的结果详详细细地抄在了几张黄色的纸片上。记录如下：股票：3691874.50美元；债券：3067465.00美元；现金8698000.00美元；借贷：551560.00美元；共计：16008889.50美元。

20世纪30年代，一个人能拥有800多万美元的现金，确实是一个让人羡慕的成绩。这也从侧面证明了，在股灾到来之前，他已经提前将自己的钱从某些股票中撤了出来。当然他也承受了损失，损失大约在600万到900万之间。虽然说这些损失没有让巴鲁克的生活发生改变，他依然过着富足而奢侈的日子，但国家金融秩序的混乱以及货币的不稳定状态让他担心不已。这也导致他在这一时期对黄金发生了极大的兴趣。

巴鲁克对美国的财政形势既敏感又担心，他认为一个收支平衡的预算是令企业及投资者恢复信心的前提，因此除非削减联邦政府的开支、提高税收，否则失业和贫穷将永无止境。为了谨防自己在混乱的经济形势中受到损失，他于1932年1月起购买黄金，并在《纽约晚邮报》发表文章阐释原因：

为了恢复我们国家经济繁荣所做的努力是否奏效，完全取决于我们政府的信誉。美利坚合众国必须立即行动起来，拿出令人信服的举措以求平衡预算，否则一切都将以失败告终。当然这也意味着政府必须削减开支，加重税赋，但是我们也会收获信心，重新开始我们繁荣的商业活动。

货币是商业的基础，同时也是政府对支付行为的承诺；美元代表着美利坚合众国的信誉，世界对它的信任程度决定了它的价值。不用说，我们国家的货币是可靠的，但是，如果政府容许非正常预算的存在，我们的公众和这个世界将继续徘徊在阴影中。出现的赤字会成为信誉减退的信号弹，继而伤害我们的信誉。

在文章的结尾，巴鲁克用恳求的态度表示请求政府恢复传统的金融秩序。

但在政府没恢复金融秩序之前，巴鲁克不得不为保险起见，买入大量黄金。1931年之前，美国市场物价下降，这也意味着货币的购买力相应上升。对投资基金的人而言，货币紧缩带给了他们一笔意外之财，而对债务人而言却可能导致他们破产。1929年，抵押贷款对许多人来说是好借好还，可到了1931年，不仅申请困难，偿还起来更是沉重的负担。破产的企业在逐渐增多，钱也变得越来越不值钱了。到1931年9月，英国放弃了金本位制，阿根廷、奥地利、乌拉圭、巴西和德国相继也这样做了。这表明，黄金的价值相对于世界上的纸币升值了。

基于这样的背景，巴鲁克决定多储存一些黄金。1931年11月的财产清单显示，巴鲁克持有的最大一宗股票是阿拉斯加朱诺（黄金股票）。当时的报价是15美元，而1927年他投入时是以每股1美元成交的。这意味着巴鲁克在这支股票上赚到了钱。可是相比于购买黄金股票，购买金属黄金就需要巴鲁克三思而行了。如果不是特殊的经济环境，很少人会大量储存黄金，因为它没有分红、没有利息，还占用现金。不幸遇到了政府实行严格的货币制度，私人手中的黄金便没有了出路。可是在美国如此混乱的经济情况下，巴鲁克不得不这样做。

从1932年4月2日起，巴鲁克陆续地购进黄金。截止到1933年2月，"阿拉斯加朱诺公司"先后给巴鲁克运来了33块金砖，另有许多不明出处的黄金也从伦敦运过来。究竟这些金砖有多少？价值多少钱？因为它们的形状不是很规则，所以没人清楚地知道。但是根据该公司1933年生产的类似的金砖的数量推算，这些黄金可能接近72000盎司；每盎司的时价是20.67美元，则价值大约是150万美元。

巴鲁克购买黄金的行为引起了很多人的不满。很多政府官员认为巴鲁克与阿拉斯加朱诺公司的交易是不合法的。为此该公司的总裁与政府官员还舌战了一番。当政府官员问巴鲁克为什么要购买黄金时，公司的总裁菲利普只用了6个字回答："预计金价会涨。"可实际的情况是，巴鲁克并没有赚到什么钱。因为到1934年的时候，罗斯福总统下令，所有美国人以每盎司20.67美元的惯性换率交出手中的黄金。可不出3个月后，世界金价就上涨到每盎司29美元。

20世纪30年代末期，当时美国的财政部长也以官方的身份质问巴鲁克为什么购入大批黄金，巴鲁克直言不讳地回答："因为我已经怀疑现行的货币了！"

萎靡不振的股市在1932年的时候终于出现了转机。道·琼斯指数开始升高，到9月7日的时候达到了最低点时的2倍。巴鲁克认为这是入市的好时机，于是他又开始了一系列的交易。从这时开始，无论对巴鲁克而言还是对美国的金融市场而言，那场可怕的经济大衰退已经结束了，起码从股票的价格上看可以这么认为。

回顾巴鲁克在这次股灾前的表现，可以说是相当精彩的！他于1929年股灾前夕顺利逃顶，当时他不断地做短线，抛空、回补，再抛空，当他感觉到股市风险在加大时，终于在最后瞬间抛掉手中大多数的股票。也许有人会认为，他这样做是出于一个投资大师的直觉，可就是这个"靠不住"的直觉让他在华尔街大大地出了回风头。

很多投资人、政客都对造成股灾中损失严重的群体盲动有较为深刻的认识，但是他们打死也不敢说"群众永远是错的"这样的话。相反，巴鲁克不但这样说了，也这样做了。他认为："选票在别人手上，而股票在我自己手中。"

第十章　双栖明星

1. 个人财政危机

经过一战，巴鲁克在许多美国高层官员中建立起了良好的声誉，因而也就取得了他们的信任。然而从来都是人怕出名猪怕壮，巴鲁克的名声也引起了不少人的嫉妒与反感。这些人自然也就不可避免地为巴鲁克制造了许多麻烦。在这种情况下，当一战结束后，49岁的巴鲁克来到白宫，打算与总统威尔逊计划自己接下来的政治生涯。这之前，他曾同《芝加哥论坛报》的记者进行过交谈。他声明过去两年的白宫生活已使他感到厌倦，以后不会再参与任何形式的公务，以免给别有用心之人以攻击的把柄。巴鲁克同时还声明，由于华尔街的尔虞我诈，以后也不想再回华尔街了。

由于在此之前巴鲁克对于美国经济与政治都产生过巨大的影响，当巴鲁克发表了一番声明之后，在公众之间引发了激烈的讨论。一部分人对巴鲁克的"退隐"感到惋惜，而另一部分人却认为巴鲁克绝不会毫无原因地"退隐"，幕后一定"暗藏玄机"。不过反应最为激烈的还是他的那些反对者们，有的说巴鲁克趁威尔逊总统瘫痪之际暗地里操纵白宫，妄图借此影响今后美国政治走向；也有的借巴鲁克的犹太人身份攻击他，说他是"掌控至高权力的犹太人"。一时间众说纷纭，真相似乎变得扑朔迷离。那么，在这些不负责任的言论背后，真相究竟是什么呢？

让我们回溯至第一次世界大战。第一次世界大战期间，巴鲁克步入政坛。由于他强烈的社会责任感以及对时事政治的敏锐洞察力，不久便声名鹊起，一时间似乎风光无限。但又有多少人知道，当巴鲁克为政治耗费心血的时候，他自己的投资事业是怎样一步步走向亏空的呢？据不完全统计，1916年巴鲁克没去华盛顿之前，他的纯收入是200万美元；一战开始一年后就下降到了不足70万美元；等战争结束后，巴鲁克的收入竟只剩不足4万美元了。那么，巴鲁克收入剧减的原因何在呢？首当其冲的，便是巴鲁克参与政务。参与政务不仅耗费了巴鲁克大量的时间与精力，而且在许多公共事务上他还慷慨解囊，自掏腰包；其次，战争不可避免地引起通货膨胀，导致物价飞涨，货币贬值，巴鲁克的资产也就不可避免地缩水了。

然而巴鲁克为政治生涯而在自己投资事业上所做的牺牲极少有人知道，相反的，还是有很多人觉得他是个大富翁。甚至还有许多不明就里的慈善机构常常找巴鲁克出手相助。任凭巴鲁克是一个多么具有爱心与社会责任感的人，很多时候也不得不以破产为由拒绝他们的求助了。巴鲁克资产状况的捉襟见肘由此可见一斑。

就是在这样的窘境下，还有许多人使他的境遇雪上加霜。其中尤以汽车业巨头亨利·福特为最。亨利·福特是一个极端的反犹主义者，而巴鲁克又恰好是犹太人，因此他总是毫不留情地对巴鲁克进行打击。幸而此时亚瑟·克罗克挺身而出。一战后，克罗克重新为《路易斯维尔邮报》和《路易斯维尔时报》撰写稿件。这期间，克罗克在1920年写了一篇支持巴鲁克的社论，使巴鲁克在窘境之中总算有了稍许的安慰。

为了感谢亚瑟·克罗克的"雪中送炭"，巴鲁克特地写了一封道谢信。信中除了向亚瑟·克罗克表达了他诚挚的谢意之外，还详细叙述了他对亚瑟·克罗克良好的第一印象。这封信为日后巴鲁克与亚瑟·克罗克之间的合作打下了基础。

无独有偶，巴鲁克在此期间收到了另一封信，而正是这封信使巴鲁克信心倍增，真正恢复元气振作起来。

2. 对农业的热情

　　1920年夏，堪萨斯州农业委员会给巴鲁克发了一封邀请信，意在请巴鲁克为解决当地农民面临的市场困境出谋划策。农业发展的症结在于战争。战争期间，农民们出于眼前利益，不惜借款也要将土地种满庄稼。然而战争结束后由于通货萎缩，国内外市场均很萧条，地价粮价大跌，农民因而不仅要偿还巨额借款，而且面临着农产品积压的困境。在这种情况下，尽管巴鲁克本人并不是农业方面的专家，但他在经济方面的造诣，使堪萨斯政府仍选中了他。

　　受到邀请的巴鲁克十分高兴，在8月底他即决定动身前往堪萨斯州。

　　堪萨斯州属于地中海型气候，无霜期短，农作物可种植的时间长，是世界最大、最重要的小麦产地。适宜的地理、气候环境让堪萨斯州成为了全美重要的农牧业州之一。堪萨斯州以农业为主的、单一的经济发展模式，也让它在这次农业大萧条中损失严重。

　　针对堪萨斯州以农业为主的这一特点，巴鲁克在州首府托皮卡的议会大厦里为他举行的欢迎会上，向听众展示他搜集的资料并提出了针对农业问题的建议。接着，巴鲁克与农民、谷物经纪人、银行家、商人以及报纸编辑进行交谈。巴鲁克旨在通过仔细研究实际情况制定科学有效的改革措施。经过一番认真而细致的调研后，巴鲁克回到了纽约。他综合了手中的所有资料，向政府的上一届农业部长E·T·梅瑞迪斯提交了一份长达17页的报告。在报告中，巴鲁克提出了世界市场是相互依赖的，美国农业的繁荣也取决于国际贸易何时能恢复元气的观点。而对于如何尽快扭转美国的农业，巴鲁克则提出：首先，要尽快结清与德国的账目；其次，国内应多建粮仓，以使农民可以在市场萎靡的时候储存粮食，等到市场振兴的时候，再在公平的基础上实现农业贸易。

这份报告对当时的美国农业来说具有不容小视的意义，后来被冠以《置农业于现代商业基础之上》的名字印制成铅字出版。巴鲁克也因而成为提倡合作化农业的重要人物之一。这为解除巴鲁克之前的困境起到了不可忽视的作用。

在这之后，巴鲁克又把目光投向了美国其他区域的广阔土地。例如，在肯塔基州，他帮忙建立了一个烟草合作组织；在南卡罗来纳州，他向该州的棉花种植计划捐款50万美元等等。此外，他还拿出很多钱扶植一些国家银行，同时也促成了美国中西部的阿木尔谷物公司出售给一个农场联合组织的交易。当然，巴鲁克为美国农业所做的努力远不止这些。付出终有回报——巴鲁克为美国农业所做的一切大家有目共睹。久而久之，人们渐渐地建立起了对巴鲁克的信任，巴鲁克也因此恢复了以往的信心与斗志。

事情往往不是一帆风顺的。巴鲁克在推进农业改革的过程中也有过犹疑，而正是由于他的犹疑，使曾经一度支持他的民众产生了动摇。事情起源于一项名为"麦克纳瑞·豪吉"的提案。当时美国农产品市场的交易在价格上得不到应有的保护。"麦克纳瑞·豪吉"提案的出台针对这一情况，提出了扩大农产品关税，实行非统一关税，保护美国本土农业。本来这份提案似乎也没有什么不妥，但巴鲁克是民主党人，而民主党向来主张低关税，排斥"保护主义"，因此巴鲁克对于这份提案没有办法赞同。同时巴鲁克十分同情农民的处境，因此也不忍心否决这份提案。在这种情况下，巴鲁克举棋不定，十分为难。1922年，巴鲁克并没有直接表示出支持"麦克纳瑞·豪吉"提案，但到了1924年，他帮助该议案获得国会的支持。

不幸的是，"麦克纳瑞·豪吉"提案虽然最终获得了巴鲁克的支持，但被卡尔文·柯立芝总统两次否决了。甚至柯立芝之后的胡佛总统也只是接受了提案的部分主张。到了富兰克林·D·罗斯福总统时期，该议案已经被改动得面目全非了。最后，"麦克纳瑞·豪吉"提案还是没有得到真正意义上的实施。

无论如何，巴鲁克在为解决美国的农业问题而奔波忙碌的过程中，再一次重拾对未来的信心。也正是在此期间树立起的信心，对巴鲁克之后的事业起了很大的催化作用。

3. 登上任何报纸的头条

美国的报业在20世纪初期时并不像现在这样欣欣向荣，报纸完全沦为了政客的附庸。那些囊中羞涩的报业从业人员都在寻觅着一家更有实力与前途的报社。曾经支持过巴鲁克的亚瑟·克罗克也不例外。

1923年，亚瑟·克罗克从路易斯维尔搬到了纽约。一开始，他在"电影人协会"找到了一份差事。同时，他还在《纽约世界报》谋了一份兼职。1924年，他成为了《世界报》的发行人助理，同时也担任了巴鲁克的公共事务顾问。本来事情这样发展下去，克罗克的日子应当是越过越好的。但天有不测风云，1925年，克罗克卷入了一桩棘手的风波之中。最终也是由于这件事，克罗克不得不离开

《世界报》。

事情起源于对道奇公司的收购案。当时，狄龙－瑞德合伙公司正试图收购道奇公司，并已经授权给两位非常有名的财政专家、同时也是巴鲁克的好友查尔斯·施沃茨和莫顿·L·施沃茨兄弟来完成此事。巴鲁克认为如果将购买道奇公司的交易公开，也许会掀起一场不小的社会风波，到那时有关舆论、宣传的工作将是至关重要甚至是决定性的。于是巴鲁克让施沃茨兄弟去找克罗克，为交易做好事先准备。可就是这件事使克罗克陷入了进退维谷的境地。

克罗克在事先声明"只要是满足他们的要求时，不至于违背任何职业道德或是将《世界报》牵扯进来就可以"的情况下答应了这一请求。然而，后来《世界报》社论版编辑沃尔特·普里曼坚持认为他发现了克罗克违背职业道德的行为。

据普里曼回忆，有一天他从克罗克的办公室走过时听到克罗克同查尔斯·施沃茨的谈话。谈话内容是关于克罗克将要发表的一篇严厉谴责这次收购道奇公司交易的社论。而事实上，普里曼是在并没有听清楚谈话内容的情况下将他故意略带曲解的怀疑和揣测告诉《世界报》的负责人普利策先生的。就这样，克罗克违背职业道德的谣言四下传播。《世界报》不再容得下他。

面对这种情况，无奈的克罗克不得不另找差事。1927年，克罗克跳槽到了《纽约时报》的编辑部。就这样，克罗克又开始了一段新的职业生涯。

这里不得不又提到另一位人物——斯沃普。斯沃普也是一位报业人物，他在日常开销方面自认为可以与巴鲁克相"媲美"。斯沃普的人生也可说是相当富有传奇色彩的。他从记者做起，39岁就当上了纽约《世界报》的执行编辑，周薪达到了1000美元。另外，他还同时可以在《世界报》和《星期日世界报》拿到2%的分红，在当时也算得上是纽约报界为数不多的富人之一了。

斯沃普在纽约西58号街135号五楼有一间非常宽敞的公寓，常常会在此举行派对。据说在斯沃普举行聚会期间，他们家每周的开销能达到1000美元。过度的开销，使他为了挣更多的钱转而投身于证券市场，也因此与巴鲁克渐渐熟悉起来。

1927年，斯沃普邀请他的朋友考斯登同去观看一场体育赛事。同去的还有哈里·F·辛克莱，是一位石油领域的百万富翁。3个人在看体育比赛的过程中谈论了一些金融、市场方面的话题。斯沃普认为他们谈话的一些内容比较有价值，于是将信息转告给了巴鲁克。后来，斯沃普又得到了石油股看涨的消息，他又将这一消息转告给了巴鲁克。两人商量之后决定购买石油股票。但是事与愿违，他们购买的石油股票跌了很多。之后不久，斯沃普又写了一封信给巴鲁克。这封信乍看似乎是漫无边际的闲扯，但实际上暗含"杀机"——

他在信中对传言中与巴鲁克在船上吵架的女人的名字进行了猜测。睿智的巴鲁克自然嗅出了这封来者不善的信的味道，他知道这是斯沃普在威胁自己，要他对在石油股票投资中的损失给予赔偿。

尽管巴鲁克对于斯沃普这样的行径很是厌恶，但以一个投资家的眼光看，他知道斯沃普对于自己的意义。因此，尽管丝毫都不情愿，巴鲁克还是在回信中表示自己愿意给予他帮助。其实巴鲁克也是想因此而使自己今后想要发表什么声明时，他的这位《世界报》发行人的朋友能为他打开方便之门。但事情并不都能如其所愿。

1924年，巴鲁克支持威尔逊总统的女婿威廉·C·麦克阿杜竞选民主党总统候选人提名。但麦克阿杜在《世界报》上受到了不友好的对待。于是麦克阿杜想到了请巴鲁克从中斡旋。令人意想不到的是，《世界报》自始至终都没有为麦克阿杜说过一句好话。

巴鲁克在与报业人士打交道的漫长生涯中，既遇到过像克罗克那样正直无私恪守职业道德的人，也不可避免地遇上了斯沃普这样自私狡猾的人。然而无论如何，从巴鲁克能毫不费力地登上任何一家报纸头条来看，他做的已经足够令我们佩服慨叹了。毕竟，这不是一件随随便便就能做到的事——这看似简单的现象，反映出的是一个人的社会地位与名望。

4. 妻子与情妇

也许的确没有完美的人生吧，在巴鲁克政治与投资事业上都有所建树的时候，他与妻子安妮·格里芬的婚姻与爱情却逐渐走到了尽头。

从安妮年老色衰直到她去世的这一段时间里，她与巴鲁克之间的婚姻就只剩下一个空虚的躯壳了。随着安妮的老去，巴鲁克逐渐把热情投向了其他更为年轻的女人。

二战爆发后的第一个春天，一位妇女找到国会议员阿尔伯特·高尔请求帮助。这个女人来自田纳西州，50多岁，虽然称不上好看，但是风韵犹存。出人意料的是，她所要请求阿尔伯特的事竟是要与巴鲁克结为夫妻！

下面是她当时的"慷慨陈词"："我是一个民主党人并积极参加党内各项活动。我会写书，会弹钢琴，也曾经参与策划广告，并且获得法学学士学位。我自认为自己自信热情执着，而巴鲁克先生则是我的偶像。他高雅的举止、高瞻远瞩的眼光、毋庸置疑的才干、忧国忧民的宽广胸怀等等优秀品质都深深地吸引着我。因此我想拜托您,替我打听一下巴鲁克先生的意愿。我很希望能和他走到一起。"

从这段自我介绍里,不难看出巴鲁克是怎样地吸引着许许多多的优秀女人为他倾心。

有趣的是,巴鲁克在看待他人的婚姻与自己的婚姻时有着截然不同的两种态度——他觉得他人的婚姻是一件崇高严肃而又值得尊敬与精心呵护的;而相反的,当他身临其境的时候,却觉得自己的婚姻是琐碎而单调的,完全没有热情刺激与新鲜感可言。巴鲁克对哈里·霍普金斯曾经说过的一段话足以证明他的观点:"如果你能找到一个同路易斯·梅西相媲美的新娘(注:路易斯是霍普金斯的第二任妻子,霍普金斯因为找到了她而被巴鲁克称为'幸运的求婚者'),我便可以考虑再婚。否则,我将过一个人的生活。"

当然,在妻子安妮·格里芬去世前,巴鲁克无论如何是不会同她离婚的。然而当安妮去世后,事情就变得不受约束甚至是肆无忌惮了。因为在这个时候他再同他的情妇们来往,无论是法律还是舆论或者是他自己的道德良心,都无法再发出些什么声音了。他完全可以随心所欲——因为他自由了。

自然地,情事愈多,烦心事也就愈多。在巴鲁克的众多情妇中,难免会有一些给他制造麻烦。其中有一个情妇屡次使巴鲁克身陷麻烦。即使有一年他在法国养病,这个女人也"尾随而至",纠缠不休。更有甚者,她还曾在大庭广众之下当街扑倒在巴鲁克的脚下,使得巴鲁克"桃色新闻"缠身,颜面丧失殆尽。为了与这个女人彻底断绝关系,巴鲁克前前后后统共花了不下2万美元。后来巴鲁克自己声称,他知道了这个女人的真实身份——一个国际犯罪团伙的成员。这件事自然困扰了巴鲁克很长一段时间。

当然也并不是所有的情妇都像那个女人一样别有用心,还是对巴鲁克真心实意的居多。巴鲁克也曾真心爱过一个名为克拉拉的女人，甚至一度动了与这个女人结婚的念头。

此外，还有那个对巴鲁克来说最重要的女性之一——他的秘书博伊尔小姐。博伊尔是一位非常干练的女性。她不但管理着巴鲁克的财务，还负责去债务人那里替巴鲁克追讨过期的欠款。工作上的默契使得他们彼此非常信任，加之博伊尔本身的优雅魅力，以至于有时巴鲁克竟称博伊尔为"将军阁下"。巴鲁克对博伊尔的依赖与臣服心理由此可见一斑。

随着巴鲁克年龄的增长，身体状况也每况愈下，耳聋也不断加剧了。他与朋友之间的来往也渐渐少了，孤独感越来越强。1943年11月11日，他曾给斯沃普写过一封信：

我的耳聋在不断加剧，这真是一件令人感到烦心的事情。耳聋对我的影响非常大，不但伤害了我的身体，也伤害了我的精神，让我不得已地要过一种与世隔绝的生活。我不能外出处理日常礼仪和公务方面的事务，即便是只有几个人参加的小型聚餐我也无法到场，更不用说晚上去剧院参加大型聚会了。但是我发现我自己也是能做很多事情的。通常，晚上我会很容易疲倦，基本上只是休息，什么事情也干不了。但好在下午到晚饭这段时间我非常有精力，那个时候的工作效率堪比我身体好的时候。

总的来说，二战期间巴鲁克在婚姻家庭与身体健康上的情况都不尽如人意。但他在其他领域诸如事业上的锐气仍是不可阻挡的。

第十一章 困境里的力挽狂澜

1. 与罗斯福之间的冲突

美国名义上是个多党派国家,其实真正能对政权产生影响的也只有共和党和民主党而已,其他党派可忽略不计。美国共和党在1854年成立,6年之后林肯当选了总统,这也是共和党在美国历史上首次执政。此后的七十多年里,共和党是白宫"阵地"的主要占领者。而美国民主共和党的创始人则是杰斐逊,经过历史上的多次变革,才发展成为后来的民主党。

世界上既然没有两片相同的树叶,那么当然我们也不能要求国家能把同一个图案印在硬币两面——共和党和民主党就像是一对性格各异的姐妹,一个乖巧文静内向,一个调皮好动外向。的确,这两个党派在政治主张上有很大差别。共和党倾向于保守主义,而民主党则更倾向于自由主义。一般说来,保守主义思想强调文化延续性,注重传统价值、社会稳定与宗教的作用;而美国当代的自由主义理论推崇革新、容忍与社会平等,主张观念、制度和法律应随社会环境的改变而改变。

但事实上,对美国政治有些许了解的人都知道,共和党与民主党实际上是"殊途同归"的——两党代表的都是资产阶级内部的利益。之所以要在形式上呈现出差别,完全是出于政党竞选的需要罢了,另外还可以给民众造成美国政治是自由民主的假象,可谓是一石二鸟了。

不过话说回来,也正因为两党的实质,巴鲁克既是一个忠实的民主党人,同时又具有保守主义倾向这一现象也就变得不那么难理解了。

巴鲁克的保守主义倾向可从1932年的美国总统竞选看出端倪。早在大选之前，民主党就已经开始紧锣密鼓地谋划夺取总统宝座。当时民主党的罗斯福也意欲参与大选。此时的巴鲁克便显现出他的保守倾向了——尽管他心里肯定的并不是罗斯福而是另外一些人，但他并没有流露出他的态度，而是始终不偏不倚，显得中立与客观。而当最终竞选结果出来的时候，他便选择了加入民主党。尽管在美国，加入何种政党是自由的，临阵倒戈的事例也有过不少，但巴鲁克的行为还是免不了被人认为是投机倒把。他的这种表现，为他日后与罗斯福之间的矛盾埋下了伏笔。

除了在大选时的表现之外，巴鲁克与罗斯福在政见上的不一致也是两人矛盾升级的重要原因之一。例如，当罗斯福面对一个遭受经济危机破坏后百废待兴的美国提出加强政府的干预力度时，巴鲁克却认为应该让市场这只"看不见的手"自己调节。与此同时，巴鲁克过分利用自己及其密友的公职身份获取经济信息，这让他在罗斯福及其圈内人士的眼中显得过于势利。这些事情都直接导致了日后巴鲁克遭遇罗斯福政府的冷落——罗斯福非但没有请巴鲁克"入阁"，并且连平时的政务都很少咨询巴鲁克。

除此以外，两人之间的其他矛盾也在不断增加。

巴鲁克与罗斯福之间的另一个冲突反映在对黄金问题以及建立世界货币体系宣言的态度上。参加世界货币及经济会议的美国代表团成员曾告知巴鲁克，会议起草了一个关于黄金问题和建立世界货币体系的宣言，英国方面已经表示接受，目前主要的问题就是罗斯福是否接受这一宣言了。巴鲁克了解了这项宣言的主要内容之后，认为会议的这项成果是鼓舞人心的，罗斯福应该赞成。于是他同财政部长伍丁及副部长迪安·艾奇逊商量一起劝他批准这一宣言。

然而，罗斯福并不想批准这个宣言。相反，他找人协助自己正式起草了一份声明，宣布拒绝批准世界货币与经济会议所提出的宣言。因为罗斯福认为，如果美国同意这一宣言就表明美国在放弃自己管理内政的权力，而是屈服于国际协议的主张。罗斯福的反对意见发表之后，许多原先对宣言持赞成意见的成员都退出了代表团。与此同时，也有许多人用实际行动表示对罗斯福及其决定的不满。此时巴鲁克在做些什么呢？也许你想象不到，就是这个当初给罗斯福施压，试图促使他同意宣言的人，此时却不再对罗斯福的决定表示丝毫异议。

巴鲁克在政治态度上常常表现出来的举棋不定与前后矛盾，使人不敢过分信任他。

耐人寻味的是，巴鲁克在同罗斯福之间的矛盾不断升级的同时，却与罗斯福的夫人保持着密切的关系。巴鲁克对这位美国第一夫人的印象很好，而同时总统夫人对巴鲁克本人也非常赏识。总统夫人经常将白宫的消息透露给巴鲁克，也充当着巴鲁克与罗斯福之间的"桥梁"。尽管总统夫人常常将巴鲁克的想法告诉罗斯福，有时也将丈夫的想法传达给巴鲁克，但仍未能缓和两者之间的关系，对于巴鲁克的意见罗斯福显然不予采纳。

就这样，在整个罗斯福执政期间，巴鲁克始终没能受到重用。至于这两者之间的矛盾孰是孰非，就留给历史评述吧。

2. 关心军备建设

巴鲁克身边的亲人因各种疾病而去世，这使他分外注重身体的健康状况，但到了晚年的巴鲁克仍免不了疾病缠身。

就是在1939年，巴鲁克进行手术的这一年，这位经历过第一次世界大战的老人又迎来了更大规模的第二次世界大战。巴鲁克的健康状况并不允许他过分操劳，但这位"身经百战"的老人还是冒着风险为战争奔走呼号。

对于二战的到来，巴鲁克其实早有"预言"——在1935年，他就表明希特勒是"世界安全最大的威胁"。1938年，他还自愿赴西班牙，帮共产党人为同希特勒做后台的弗朗哥政权做斗争的亚伯拉罕·林肯旅捐款111606美元。巴鲁克认为，一个国家必须时刻做好战争准备，加强自己的国防建设，才能防患于未然，以不变应万变，在战争到来的时候免于惊慌与仓促应战。他主张进行战略原材料的贮备、扩大军备生产尤其是战斗机的生产，还主张恢复战时工业委员会。从这些主张上不难看出，巴鲁克是一个不折不扣的战备狂人。

巴鲁克积极参与国家军备建设，努力为国效力的赤诚之心，罗斯福政府并不领情。1938年七八月间，巴鲁克同罗斯福总统进行了一次会面。谈话中，巴鲁克提出："我们国家为战争所做的准备必然会引起希特勒的恐慌，所以我们要有所准备。"罗斯福听取了他的建议并同意了巴鲁克对形势的分析。更出人意料的是，两人还共同研究建立一个"国防合作委员会"。罗斯福当即表示，只要这个国防合作委员会成立，便任命巴鲁克为该机构的主席。

1939年8月1日，两人商定成立的战时资源委员会宣告成立，但巴鲁克并未能进入该委员会。之后，他也没有进入接替战时资源委员会的新的战时决策机构——国防顾问委员会和生产管理局。到了1941年，当物价及国内供应管理局和物资分配委员会成立时，他依旧没有在其中争得一席之地。

对于这个令日后许多人百思不得其解的问题，当时著名的历史学家乔丹·施瓦茨已经进行过细致的分析：对于对付巴鲁克和进行战争准备这两个问题，罗斯福采用了两条原则。首先，决不能让巴鲁克来分享权力，因为在罗斯福的观念里，巴鲁克是一个既有着狐狸的狡诈，又有着猛虎的野心的人物；其次，即使是在国家进行战争动员这样的紧急情况下，也决不能允许有人乘机构架权力基础与白宫对峙。这样，罗斯福的观点就否定了巴鲁克的观点——国家在战时不能仅仅依靠总统一个人。

也有的历史学家认为即使巴鲁克没有进入战时机构，但他的实际影响力仍是不容小觑的。在政治权力机构中，有许多当权人物与巴鲁克有着密切的联系。例如，被提名进入战时资源委员会的约翰·汉考克就是巴鲁克多年的盟友；工业家塞缪尔·R·富勒也是巴鲁克的朋友；另外，巴鲁克与利昂·汉德森，以及其他为物价及国内供应管理局服务的新派经济学家们的关系也十分密切。出于对巴鲁克强大的人脉关系的忌惮，1941年之后的日子里，罗斯福对他的态度发生了一些改观，开始主动与之会晤，并听取他的一些建议。两人的关系也因此逐渐有所好转。

总而言之，尽管巴鲁克在政治上有时确实显示出圆滑与"狡诈"，但他对于国家的赤胆忠心以及社会责任感是毋庸质疑的。从宏观上及历史发展的角度上来说，巴鲁克仍是一个值得肯定的人物。

3. 身份的敏感

但是无论如何无法改变的是巴鲁克的犹太人身份。由于与生俱来的这一点，无论巴鲁克在其他方面做了怎样的努力，总还是有人反对他。

罗斯福周围有很多人都不喜欢巴鲁克，罗斯福总统的顾问哈里·霍普金斯就是其中之一。他是一个以从事社会福利工作为职业的人，他曾经担任过工程兴办署的负责人，后来也担任过商务部长。二战期间，他在罗斯福身边协助他制定各种计划、制定各种战略。他是罗斯福在工作中最为信任的人。但他常年有病，身体非常虚弱。

巴鲁克与霍普金斯的"结仇"缘于一次提案。在罗斯福新政后期，霍普金斯曾经提出过一个联邦政府救济方案。巴鲁克出于国家大局，对此持坚决的反对态度。他认为，一旦政府开始有了救济，人们的依赖心理就会严重增加，从而大大降低人们的工作积极性，最终将导致失业的加剧。而霍普金斯对此不以为然。最终，罗斯福还是采纳了救济方案。这使得巴鲁克十分纠结，也就此加剧了他与霍普金斯之间的成见。

然而人们必须时刻谨记的是，巴鲁克为人处世是圆滑与"狡诈"的。因此尽管他"树敌"颇众，但斗争的策略是十分讲究的。圆滑的他总是见什么人说什么话。以他对待霍普金斯的态度为例，他居然试图做到既让罗斯福总统认为自己是支持霍普金斯的，同时也让霍普金斯的政敌发现自己是反对霍普金斯的。

关于巴鲁克对待霍普金斯的态度，可以从工作与生活这两个方面看。在工作中，巴鲁克不但反对霍普金斯的政见与立场，甚至公开指责过霍普金斯；而在生活上，从1946年巴鲁克为去世的霍普金斯抬棺这一事件上，他们俩的交情可见一斑。事实上，在战前和战争初期，巴鲁克对霍普金斯的表现都是十分慷慨的。他不但经常请他到自己的"水上庄园"做客，还花钱为他取得了杰斐逊岛俱乐部终生会员的资格。假使这些还只是小事，不足以证明两人之间的交情的话，那么，巴鲁克在1942年霍普金斯再婚时的举动则足以说明问题了。为了庆祝霍普金斯的婚礼，巴鲁克在卡尔顿饭店举行了一次盛大的晚宴。他邀请了在华盛顿的60位社会名流参加宴会，并且席间为每一位女宾客送上了一瓶名贵的香水。此外，他还不限量地为宾客提供高级香槟，厨房开出的菜单更是长得可以拖到地板上。这样奢华的宴会在战争期间无疑显得分外隆重。

无论如何，巴鲁克的犹太人身份一开始就注定会带来无穷无尽的麻烦，而在战争期间这种麻烦更甚。一方面，巴鲁克虽身为犹太人，却不信犹太教，甚至他对其他犹太人尤其是东欧的犹太人还抱有很多成见。而另一方面，巴鲁克的政敌则认为，巴鲁克虽然是美国人，但是他有"双重公民身份"。也就是说，他们眼中的巴鲁克是一个将犹太人的利益置于美国人利益之上的人。这样，巴鲁克逐渐陷入两难的境地，腹背受敌。

1938年，巴鲁克又一次因为他的犹太人身份陷入了困境。那是在二战的前夕，当时的德国早已是纳粹主义横行。美国人没有一个想与纳粹扯上关系，巴鲁克也不例外。但巴鲁克在公司事务上却与德国有着无法割裂的联系。巴鲁克手中持有一家塞浦路斯矿业公司的股票，这家公司与德国人一直保持着相当的业务往来。出于对纳粹德国的抗拒，巴鲁克写信给公司的总裁哈里·S·马德，表示想将自己持有的该公司的股票转卖给对方或其亲友。在多次磋商之后，巴鲁克的社会责任感还是战胜了对可能会引火烧身的恐惧——为了公司及大多数人的利益，巴鲁克最终还是没有将股票转让或抛售。

而因为这个决定，巴鲁克之后的日子都不得不小心翼翼。

4. 改变主意

　　1941年12月7日晨，与往常一样在家中读报纸的巴鲁克收到了珍珠港事件的消息。听到这一消息的他非但没有我们想象中的惊讶，反而说出了这样一句话："我早就警告过他们！"何出此言呢？原来巴鲁克早已预见了与日本爆发战争的可能，并且在很早的时候就已经建议政府应该做好战争准备。而结果就像我们之前提到的那样，罗斯福没有采纳他的建议。因此，当珍珠港事件爆发之后的第二天，罗斯福总统在全国民众面前宣读慷慨激昂的陈词时，巴鲁克是心怀不满，甚至是有所怀疑的。

　　正如我们无数次提到的那样——巴鲁克的社会责任感不允许他袖手旁观，落井下石。在为政府的自大而气愤不平的同时，巴鲁克心甘情愿地为政府当起了顾问。巴鲁克为此还专程调查了纽约和费城的军火工业生产情况并就此提交了一份报告。与此同时，巴鲁克还向罗斯福提交了一份他认为可以负责新的战时生产管理机构领导的人员名单。尽管这次罗斯福还是一如既往地冷落巴鲁克，但巴鲁克毫无怨言，因为国家利益大于个人利益，他的目的只是以一个公民的身份捍卫美国的利益。

　　皇天不负有心人，巴鲁克的"赤胆忠心"最终还是打动了罗斯福，在1942年的美国橡胶危机里，巴鲁克终于得以"大展身手"。

　　1942年6月，国会投票决定新建一个管理橡胶生产的政府机构，同时对主要采取哪种方式生产橡胶进行了激烈的辩论。由于美国从事农作物种植的人口数量要远远多于石油工人，因此主张从农作物中提取的呼声较高。

然而，罗斯福认为无论从农作物中提取还是从石油中提取都不那么合适。这时，他想到了巴鲁克。而恰好，作为曾经的橡胶业的投资者，巴鲁克对这一行业十分熟悉。同巴鲁克比起来，似乎一时也没有更适合担任这个新成立机构领导的人物了。为此，他给巴鲁克写了一封信，信中盛赞巴鲁克为"在任何危机时刻都愿意伸出援助之手的人"，进而表明他希望巴鲁克能够为解决橡胶危机出一份力。

既是"义不容辞"，也是"正中下怀"，1942年8月6日，巴鲁克正式出任"橡胶委员会主席"一职。上任后，巴鲁克马不停蹄地开始了他的工作。首先，他开展调查研究，弄清楚到底哪种橡胶合成方式最为科学合理，同时研究如何解决实行汽油配给制给政府带来的棘手问题。除此以外，他们还需要搞清楚能否在国内收集到足够的丁二烯来支撑"丁二烯式"生产方案。

随着研究工作的展开和深入，大多数人开始倾向于采用以汽油提取橡胶的生产方式，为此，还专门制定了一个汽油配给方案以弥补橡胶生产的不足。巴鲁克将橡胶问题委员会的研究成果向上级部门做了一份报告，并将报告的副本发给了所有国会的议员和各大报社、各大学图书馆、公共图书馆、专门图书馆或商务图书馆。最终，这份凝结了巴鲁克的辛勤付出与汗水的报告在全国范围内得到了广泛的支持。

这份研究成果不仅为解决美国橡胶危机起了至关重要的作用，也使巴鲁克在美国的影响力得以迅速扩大。在这之后，政府的很多专职工作都开始向巴鲁克抛出了橄榄枝。例如，有一次总统的助手塞缪尔·罗斯曼曾请巴鲁克出任新成立的经济稳定办公室主任。该办公室的主要工作是主持工资和价格表、召集公众执行那些并不受他们欢迎的各种法规，并劝导他们支持政府的反通货膨胀政策。但最终因为巴鲁克本人对财政问题的观点与主流观点相左而未能出任，但这一职务最终按照他的建议交给了詹姆斯·F·伯恩斯。

说起这位伯恩斯先生，他与巴鲁克的关系也是有"历史渊源"的——他同巴鲁克错过的一次公职事件关系密切。1943年，当时有关方面尤其是军方对战时生产局负责人唐纳德·纳尔逊的工作日益不满。而支持纳尔逊的人认为，纳尔逊做到了避免军队直接介入国内事务，在这一点上是值得肯定的。巴鲁克则被不幸地夹在了这两派中间。为了避免腹背受敌，巴鲁克只得一方面支持军队，另一方面又帮纳尔逊想办法。

伯恩斯就是在这个时候出场的。对于这种状况，他提出了一个解决方法——让巴鲁克接替纳尔逊出任局长职务。为此，伯恩斯还专程给罗斯福写了一封信，竭力推荐巴鲁克。令人意外的是，一向冷落巴鲁克的罗斯福，这次居然接受了伯恩斯的提议，并表示让伯恩斯代替自己给巴鲁克写一封信，请求巴鲁克出任此职。在巴鲁克这方面，也同样令我们大跌眼镜。因为一向热衷于政治的巴鲁克，这次竟以身体健康状况为由推托了。

其实事情的"真相"是，巴鲁克确实对自己的健康状况没有信心。在回纽约的路上，巴鲁克便开始发烧，一到家就病倒了。他怀疑自己的肝脏出了问题，也许是肝癌。后来随着病情的逐渐好转，巴鲁克也改变了自己一开始的决定——他同意了罗斯福的请求，决定接受任命。然而一波三折，就在他来到华盛顿准备赴职时，罗斯福这边却改变了主意。罗斯福面对前来赴职的巴鲁克竟熟视无睹，漠然视之。

也许是这样的事巴鲁克经历得多了，抑或是出于对自己健康状况的考虑，总之，这次巴鲁克没有震惊，没有愤怒，而是"失之淡然"。

作为一个久经官场的老者来说，也许这也是一个明智的选择。

5. 经济复兴的良药

1945年，对世界造成空前浩劫与灾难的第二次世界大战结束了。

第二次世界大战是人类迄今为止规模最大、危害最严重、持续时间最长、参战国最多、波及范围最广的一场战争，给人类世界造成了巨大的、深远的、无法估量的影响。在二战的6年时间里，世界上先后有六十多个国家和地区参战，波及20亿人口(占当时世界人口的80%)，战争影响范围包括欧洲、亚洲、非洲、美洲、大洋洲和太平洋、印度洋、大西洋、北冰洋。作战区域面积为2200万平方公里，交战双方动员兵力达1亿人，直接军费开支总计约3万亿美元，占交战国国民总收入的60%～70%，参战国物资总损失价值达4万亿美元。

尽管美国不是二战的主战场，战争所带来的创伤没有苏联、中国等国家那样严重，但自从珍珠港事件爆发之后，一向奉行中立主义的美国还是不遗余力地投入到战争中去了，虽然美国也因此而大发战争财，但战争对经济所造成的影响还是十分严峻的。

怎样才能使美国的战后经济迅速恢复与发展呢？这是一个众多美国有识之士都在苦苦思索的问题，巴鲁克也不例外。

早在二战结束前两年，巴鲁克便开始对这个问题有所思考——他与汉考克一起考察了西海岸的劳动力市场状况。1944年，他们又开始合作了一份关于如何在战后实现积极转轨的报告。报告对当时美国关于战后经济发展趋势的观点做了全面而细致的分析——一种观点认为战后的和平会带来经济上的繁荣，而另一种观点则认为战后会出现经济崩溃。最后，巴鲁克阐明了自己的观点，他倾向于第一种说法，认为战后美国经济会出现腾飞。除此以外，巴鲁克在这份报告里还有许多其他的"真知灼见"——巴鲁克建议政府应该在战争即将结束的时候立即变卖政府的资产。总而言之，巴鲁克认为，尽管战争结束后会面临着退伍老兵游行和削减政府开支这类的问题，但一个至少持续5年到7年的经济繁荣期是一定会出现的。而历史也已经证明，巴鲁克对于历史与未来的洞察力确实令人惊叹。

另外对于日本，巴鲁克也自有其独到的见解。他认为对日本，经济上一定要严格限制，以防止这个虽只有弹丸之地却有着勃勃野心的国家再次威胁美国的经济。

对于苏联，巴鲁克不是那种偏激极端的反共产主义分子，主张采取合作与遏制相结合的战略。

1945年4月，一直被视为美国历史上最伟大的总统之一，也是20世纪美国最受民众期望和爱戴的总统——罗斯福因突发脑溢血，抢救无效离开了人世，享年63岁。

尽管罗斯福在世期间巴鲁克与他矛盾不断，但是罗斯福为人民为国家尽心尽力、鞠躬尽瘁却在巴鲁克心中留下了不可磨灭的烙印。毫无疑义地，巴鲁克参加了罗斯福的葬礼。他满心悲伤地送了这位"老朋友"最后一程。当一个与你斗了一辈子、亦敌亦友的对手忽然离开，那种遗憾、失落与痛心是无法形容的，因为再没有人可以替代他的位子。

罗斯福去世之后，杜鲁门继任了总统职位。在他继任美国总统之位不久，巴鲁克便去拜会了杜鲁门，并且在以后的日子里巴鲁克也与杜鲁门有着定期的会晤交流。

综观巴鲁克的一系列行为不难看出，他是一个不拿政府薪水，但做起事来却异常踏实谨慎的"政客"。也许我们可以称之为"政府顾问"。尽管也总是存在着一些人始终对他这个顾问所起到的作用产生怀疑，但是从白宫那些高级官员的高度评价中，我们可以毫不夸张地说，战争期间巴鲁克提供的建议为化解帮派矛盾、敦促政府部门提高效率起到了很大的促进作用。唐纳德·纳尔逊也曾这样评价巴鲁克："他提出的关于如何确定优先生产项目的建议被事实证明是正确的。"罗斯曼也说过："很多官员都将巴鲁克当成自己'遇到困难时必须朝拜的圣人'。"而海上指挥部的司令莫利·S·兰德上将则说："我们在自己的海军生涯中所得到的最珍贵的东西就是巴鲁克先生的帮助。"如此种种，不胜枚举。就连国防部副部长帕特森也毫不避讳地对他表达了自己的感激之情。

除了这些与巴鲁克有过交往、对巴鲁克的才干品质有着切身体会的人之外，就连许多外国领导人对巴鲁克也颇多赞美之词。

1945年，巴鲁克的弟弟赫尔曼·巴鲁克出任美国驻葡萄牙大使时，当时的葡萄牙领导人萨拉查对赫尔曼表达了自己对于他的哥哥巴鲁克的敬佩之情。萨拉查将巴鲁克誉为"当代伟大的思想家"。

第十二章　七十岁能做些什么

1. 原子能委员会代表

1946年3月16日，在巴鲁克即将要满76岁的时候，美国总统杜鲁门做出了一项高级任命。关于这项任命，他在自己的笔记本上写下了这样几句备忘录："让巴鲁克担任美国驻联合国原子能委员会代表。这个人认为自己应该管理整个地球，甚至应该管理月球和土星。现在我们就来看看这位老人究竟有多大的本领吧！"

76岁能做些什么？养花养草，还是饮茶钓鱼，总之该是颐养天年的时候了。但巴鲁克依然活跃在公众的视野里，他的身体越来越差，与人交谈必须要借助助听器，甚至还患上了严重的胃溃疡，每天只能吃一些清淡的食物。

无论从哪个角度来说，巴鲁克似乎都不应该接受这项任命。可是，原子弹的诱惑力有多大，联合国里有多少梦想与荣耀，巴鲁克不想放弃。这个不堪忍受任何一点冷落的老人，毅然接受了杜鲁门的任命。

当时，美国原子能政策的具体实施办法被交给了一个规格非同一般的委员会。这个委员会由时任副国务卿的迪安·艾奇逊和田纳西州河流管理局局长戴维·E·利连撒尔亲自挂帅。他们的意见是：建议联合国成立一个原子能发展局，控制世界范围内原子能的开发与利用。该局将负责管理世界上所有的铀矿、原子能加工厂和原子能工厂，唯一能生产原子弹的三座美国工厂也将置于这个管理局之下。同时，这个管理局还负责销毁世界上所有的原子武器库和原子能实验室，让任何国家都不能独享对这种战略武器的垄断地位。

当巴鲁克在报纸上看到这则消息时，他怒气冲冲地来到白宫，质问杜鲁门总统："美国的原子弹政策应该由谁来制定？是艾奇逊和利连撒尔那些人，还是我这个您亲自任命的美国驻国际原子能委员会的委员会代表？"

杜鲁门连忙安抚他说："当然是您了，请别生气。"其实，这样的举动是在杜鲁门意料之中的，他一直认为巴鲁克有很多缺点，比如脾气暴躁，比如老谋深算。但是为了让巴鲁克替自己推销一些政策和主张，杜鲁门还是做出了很多让步。

仔细分析杜鲁门重用巴鲁克的原因，除了想让巴鲁克替自己做政策宣传而任命他为美国驻国际原子能委员会代表之外，更多的还是想要借助巴鲁克的公信力。起初，杜鲁门总统在原子弹问题上的主张是极其强硬的。那时候，美国正准备向世界公开这种秘密武器，但是苏联保持着它在战时的大部分军事力量，而且东欧国家也开始沦为苏联扩张的牺牲品。这一年的2月份，斯大林发出了对"垄断资本主义"的责难，宣称正是垄断资本主义让世界爆发了两次大规模的战争。同时，他还自信地宣布："苏联将在最新一轮的五年计划中为赢得未来的任何国际战争做好准备。"

在原子弹问题上，巴鲁克和杜鲁门的态度是相同的，他面对公众强硬地提出了自己的观点，这让杜鲁门觉得，巴鲁克正好可以替自己推行这种政策。经过多年的积累，巴鲁克在美国民众中的声望很高，人们都知道这是一个做事认真，一心为了国家发展着想的爱国政治家，而这恰好为杜鲁门提供了机遇，可以借助这个固执的老人推行自己的主张。

杜鲁门的主意取得了不错的效果，他刻意在一些公开场合发表许多与巴鲁克相近的观点，于是人们越来越感觉到，杜鲁门总统和巴鲁克在许多问题上都是观点相近或完全一致的，这让巴鲁克拥有了非常雄厚的群众基础，也为巴鲁克争取到这样一个重要职位增添了砝码。

巴鲁克之所以在七十几岁的高龄，还能得到美国驻联合国原子能委员会代表的职位，是与他多年来的奋斗分不开的。杜鲁门总统所看重的群众公信力，可不是一朝一夕建立起来的。很多人都关心这个虚弱的老人能否胜任新的职位，迎接接踵而至的挑战。对于这一切，巴鲁克心知肚明，他从不认为自己应该认输，他要给所有的美国人民一个交代，不论是白宫的工作人员，还是普通的百姓。

2. 同行之间的冲突

接到任命后，巴鲁克举行了一次记者招待会。很多新闻界人士都出席了这次招待会，他们看到了这位精神矍铄的老人，用坚定的语气向大家宣称："我坦承自己从来没有从事过与原子弹相关的工作，但是我有充分的信心来向你们保证，我不会让美国民众失望。前提是，我要挑选一些得力的帮手，共同完成这项使命。"

如同巴鲁克自己宣布的那样，他为自己挑选了一批助手，他们中包括斯沃普、汉考克、费尔南德·艾弗斯塔特、小弗雷斯·希尔斯等等。巴鲁克挑选的帮手中没有一个人是来自自然科学领域的，很多业内人士对这样的人事安排表示出了不满。利连撒尔的日记就是一个凭证，在当天的日记里，他曾如此写道："巴鲁克的人事安排简直让人恶心。"

上任之后，巴鲁克等人经常与艾奇逊和利连撒尔产生观点上的不一致，以至于发生误解和摩擦。巴鲁克也曾经尝试着做出让步，主动缓解矛盾,但由于对方对巴鲁克的成见太深,和解以失败告终。其实,巴鲁克明白对手们对自己的不信任,他也从不否认自己经验不足,并承认自己一直在摸索中前进。

事实证明,经验固然重要,但做事的探索精神和天分也是至关重要的。一次,巴鲁克同军方一起讨论其他国家要用多长时间才能造出原子弹。曾经负责曼哈顿工程特区项目的莱斯利·格洛夫斯少将认为自己对原子能的发展状况了如指掌,他笃定地说:"我认为第二个拥有原子弹武器的国家将出现在5到7年后。"

巴鲁克并不同意这种观点,但是出于对自己相关经验的匮乏,他负责任地向杜鲁门总统报告这位少将的预测。同时,他也说出了自己的看法,他认为其他国家研制原子弹所需的时间一定会更短。3年后,当苏联成为了第二个拥有原子弹的国家时,巴鲁克的论断得到了验证。

虽然巴鲁克在民众中具有很高的呼声,但是与艾奇逊和利连撒尔之间的矛盾一直无法化解。两个组织就像天敌一样,难以融洽相处。除了表面上的小摩擦之外,两个组织的政治立场也大不相同。巴鲁克一派更偏右一些,对苏联的怀疑也更深。两派之间最大的分歧体现在核矿藏的所有权问题上。艾奇逊一派认为,应该将世界上所有的铀矿交给国际原子能开发局,而巴鲁克则认为这种想法是天方夜谭,无论从理论上还是实践上都是行不通的。

1946年的春天,两派之间再次爆发了冲突。事情的起因是国际原子能问题谈判的各方拟签署一个关于原子弹的条约。巴鲁克一派认为,既然是条约,在措辞方面就必须严谨,因为它体现着签约各方如何看待国家安全这个问题。对此,军方与巴鲁克持相同观点,他们也主张在即将签订的条约中采取强硬的措辞。

巴鲁克一派还认为条约中应该规定,如果哪个国家违反该条约，将会受到相应程度的国际制裁。如果根本不打算遵守该条约的某方站出来否决有关条款，那么在制定条约前，应该废止安理会的几个常任理事国对它的否决权。而对于在原子能条约中写入制裁条款这个问题，艾奇逊一方提出了异议。他们的理由是：如果美国坚持这样做，苏联肯定会对美国的全盘计划予以拒绝，到时候双方很难达成共识。

巴鲁克一直希望能够说服对方接受自己的提议，但是没有如愿以偿。于是，他只能索性重新制定一套新方案，新方案以艾奇逊一派曾经发表的报告为基础，修改后变成美国在原子能方面新的政策。

经过杜鲁门总统的认真审核，美国在原子武器上的政策被批准。但巴鲁克还有一件棘手的事情，就是要征得其他国家的同意，为此他很费神，一直斟酌用什么样的语言来表达政策的框架。他认为，在致开幕辞的时候必须提到当前的局势，让人们了解一旦核武器不受控制会给人类带来怎样的灾难。

1946年7月14日，联合国原子能委员会首次会议开幕，会上巴鲁克慷慨陈词：

"今天，我们将在这里就生与死的问题做出选择。这也是我们现在最艰巨而紧迫的使命。原子武器的出现，为我们生活的这个星球带来了危险。但在威胁之下，我们有信心将这种危险控制住。如果我们没有完成使命，那么世界上的每一个人的心灵都将被恐惧占据。我们不能再自欺欺人了，让我们在让世界保持和平与让世界遭到毁灭之间做出正确选择吧！"

……

"我们今天聚在这里，就是要完成全世界人民对于我们的委托，消除原子弹对我们的威胁。我们必须提出一种机制，以确保原子能只被用于和平目的而不是用于战争。为了实现世界和平这个人类共同的希望,我们必须签订一个协议,签订一个条约,无论是谁违反了这一条约,都将受到严厉的惩罚。"

巴鲁克的讲话引起了一番热烈的讨论,尤其是开场白让人印象深刻。人们认为"就生与死的问题做出选择"非常形象,而且能够击中人们的神经。几乎所有的国家都表现出了支持的态度,只有苏联方面表示,他们同意对违反国际条约的成员国实施制裁,但是坚持保留自己的否决权。

3. 反对的声音

为了实现让苏联加入美国制定的限制原子武器的框架中,巴鲁克与利连撒尔不得不在温卡斯营地举行会晤,共同讨论其他可实施的方案。

在与巴鲁克进行会晤之前,利连撒尔原本很不情愿。他认为巴鲁克是一个对原子能一窍不通的糟老头,绝对谈不出什么有见解的论断。不过在会谈后的第二天,利连撒尔在日记中这样写道:"巴鲁克对谈判结果的判断没有任何错误。他知道由于苏联的反对导致谈判并没有取得任何成果,即使10票对2票,也是无法解决问题的。这次谈话是在我与他进行的多次谈话中最令人难忘的一次,不但没有紧张的气氛,反而两个人的兴致都很高。"

不过,苏联的态度不是容易更改的,谈判还是陷入了僵局。虽然巴鲁克早就预料到了这一点,但还是很苦恼。他在给杜鲁门总统的报告中写道:"美苏双方在这个问题上的矛盾是不可调和的,因而根本无法达成任何共识。……美国不应该靠与对手的谈判获得成功来维护国家安全，而是必须加快原子弹的生产。"

在这件事情上，巴鲁克的做法引起了亨利·A·华莱士的不满。华莱士始终认为，美国应该销毁所有的原子弹，然后公布自己的技术。而不是像巴鲁克那样，一味强硬地主张取消常任理事国在原子能问题上的否决权，或者坚持设立实行某些惩罚性措施。1946年9月12日，华莱士在麦迪逊花园广场的公开演讲中宣称："我们的态度越强硬，苏联人的反对就越强硬。"几天后，华莱士公开发表了他的备忘录，其中有很多言论表现出了对巴鲁克的不满。

华莱士的言论让巴鲁克十分震怒，他压抑不住怒火，立刻找到了杜鲁门，并且强硬地表示，他和华莱士之间只能留下一个人。事情的结果是：华莱士败下阵来。但巴鲁克不依不饶，他认为华莱士的言论已经造成了很坏的影响，所以希望华莱士在公众面前道歉。

如果说华莱士的反对只是固执己见，那么莫洛托夫就显得更加激烈了些，这位时任苏联外交部长公开称巴鲁克本人就是美帝国主义的实际领导者。就在巴鲁克担了这个罪名之后，他被一位妇女告到了联邦调查局驻纽约办事处，新的罪名是"苏联在美国间谍网的头子"，并说巴鲁克出卖了原子弹技术。这两种截然相反的指控让巴鲁克觉得啼笑皆非。

人们的眼睛常常不能看到事情的真相，让谈判陷入僵局的原因有很多，巴鲁克的强硬政策并不是关键。但是，很多人都认定，这是源于美国驻国际原子能机构代表的工作失职。

在征得伯恩斯同意之后，巴鲁克决定在联合国原子能委员会会议上组织一次投票，让各国再次表决对美国提案的态度。

12月30日，巴鲁克拿着一袋饼干，夹着一罐牛奶，神态自若地踱步走进了联合国安理会的会议大厅。路上遇见葛罗米柯，巴鲁克还开玩笑说:"看吧,伙计,我给你带来了原子弹。"

葛罗米柯瞄了一眼,无奈地说:"只是一罐牛奶,您开什么玩笑!"

巴鲁克笑着回答:"你说的没错,这只是一罐牛奶。但是一会儿它的作用就大了,会议那样长,中途补充一下营养也不错。"

在投票的过程中,表决得到了通过,10票赞成,0票反对。不过,这种表决没有带来任何现实意义。1949年9月,苏联研制并引爆了自己的第一颗原子弹。这个举动仿佛在向世人宣称,什么表决,什么提案,都是无意义的,苏联不吃这一套。

不过,这样的结局也在一定程度上证明了巴鲁克的论断,他早就认为,苏联已经下定决心研制核武器,这与提案和条约的强硬与否没有什么关系。从这点看,巴鲁克强硬地主张在条约中加入有利于美国的条款是有益的。巴鲁克的很多想法和做法都是基于整个美国的国家利益。

国家利益尚且没有得到保证,又何谈世界利益?美苏之间的和谈结果是一个很好的例证。1947年1月4日,在美国的原子能政策根本无法得到苏联认可的情况下,巴鲁克辞去了美国驻联合国原子能委员会代表的职务。

4. 生命的尽头

时间的流逝无声无息,可是总有些东西在无意间提醒人们它的存在,比如:衰老,生命的孤独的终止。巴鲁克从小就以父亲为偶像,因此,他同父亲一样,在死前没请拉比到自己的病床前做祷告，他们都认为在临死前才忏悔是对上帝的愚弄和不尊重。晚年的巴鲁克对待死亡有种无所谓的态度，一次巴鲁克受到别人的敲诈，他告诉负责此事的联邦探员自己已经什么都不在乎了。即便是他这样说，在自己病倒时也无法做到完全地云淡风清。我们无法得知他在临死前流的泪是对死亡的恐惧，对生的留恋，抑或是什么。可是，人世间，谁能真正地勇于面对死神呢？

尽管年轻时的巴鲁克到哪儿都是万众瞩目的焦点，是众人追捧的目标，晚年的巴鲁克也饱受年华老去给他带来的身体和心理上的双重折磨。每当别人酣然入梦之际，他却由于严重的关节炎尝尽了失眠之苦。身体上的痛苦可以勉强忍受，而让他更受不了的是，因为耳聋，他经常在跟人谈话的时候闹出连他自己都尴尬的笑话，这对于高傲又有着强烈自尊心的巴鲁克来说是无论如何也无法接受的。1957年对于巴鲁克来讲，是不顺利的一年。就在他的自传《我自己的故事》第一卷出版之际，体重的大幅度下降让他忧心忡忡。同样也在这一年的春天，他的两位好友斯沃普和坎特都相继离开。巴鲁克不得不考虑生死大事，他想知道，自己是不是也快要走了？

接二连三的坏消息对巴鲁克造成巨大的打击，令他难以承受，好在还有私人护士伊丽莎白·纳瓦罗做他的支柱，是他少有的依靠和安慰。她也可以说是他晚年的生活伴侣。然而，做巴鲁克的伴侣绝非易事，她得陪伴他工作，她得抚慰夜晚失眠烦燥的巴鲁克，还有一项重要的任务就是在巴鲁克宴请亲朋时，做好女主人的角色。这看起来轻松，实则不然。因为颇具大将之风的巴鲁克晚年在一些琐事上表现得吹毛求疵，经常挑三拣四，他不仅在一些小事上横加指责，甚至连客人的面子都不顾，常常弄得人非常尴尬。而伊丽莎白经常不得不一面安抚巴鲁克，一面又要照顾被他弄得下不来台的客人。

巴鲁克晚年整日靠和伊丽莎白玩牌来消磨大把大把的时光。然而不管赌注多小，他从没赢过伊丽莎白，因此当他去世的时候，留下一张写着欠伊丽莎白40万美元赌资的欠条。其实他是以这种方式来报答伊丽莎白长时间无微不至的关怀和照顾，因为如果伊丽莎白去和别人玩，哪怕赌资再小，他也不让她去。后来每当伊丽莎白回忆起这件事的时候，总是难掩感激之情。

巴鲁克尽管人前人后表现出一种不在乎死亡的态度，内心却不这么想。为了能延年益寿，他在伊丽莎白的帮助下做一些简单的运动来活动筋骨，而伊丽莎白每天也帮他进行身体检查，毕竟他已经九十多岁了，人到了这个年龄，可以说是七分天注定了。而巴鲁克的性格在晚年也有很大的变化，用老顽童来形容他一点儿不夸张。但是这不意味着他一直引以为傲的投资理财的能力就有所下降，他仍然能够准确及时地把握股市动态，这一点让无数人佩服得五体投地。巴鲁克自始至终都保持头脑清醒，甚至许多年轻人都赶不上他。这时的巴鲁克在军方还是有一定影响力，虽然他经常说些老生常谈的话题，自己却还很自豪。他不仅对很多重大事情有自己的精确判断，而且能够清楚地传达给别人自己的想法。

人到晚年，很多地方都会变得让人无法琢磨。90岁的巴鲁克也变得愤世嫉俗，一天他的一位女性朋友给他打电话向他诉说自己生活及婚姻的不幸。虽然他极力劝说她要有耐心，却在挂了电话之后说了一句："去他妈的，她的死活和我有什么关系？"让他身边的人都大吃一惊，颇感意外。

不管人们对死神是如何的畏惧或是厌恶，也没有人能让他停下脚步，哪怕是一位在投资界叱咤风云的投资大师。1965年6月20日，巴鲁克荣耀的一生走到了终点，上午9时25分，一颗伟大的心脏停止了跳动，还有59天就是他95岁生日。按他的要求，三天后一场既简单又隆重的葬礼在西区犹太教堂举行，这里是他生前常来做礼拜的地方，位于第79大街东段2弄。

都说，人的一生有两位朋友足矣，一位乐意借钱给你，一位愿意出席你的葬礼。这是句玩笑，却也有一定的道理。而出席巴鲁克葬礼的人共有七百多人，都是社会各界的知名人士，由此看出他生前的人缘还是不错的，而很多他生命中的重要人物也悉数到场，还有一些人尽管和他有过节，也都摒弃前嫌来送别巴鲁克。其中就有斯佩尔曼大主教，两人之前曾发生了让人啼笑皆非的矛盾。有一天斯佩尔曼来拜访巴鲁克时，误以为睡着了的巴鲁克不行了，便开始祷告，被惊醒的巴鲁克赶了出去。尽管两人没多久便和好如初，没想到过了不久，这个误会竟成为现实。

巴鲁克的一生风光无限，无数的称号伴随他的一生，比如："投资大师"、"独狼"、"总统顾问"、"长椅政治家"。可是，毕竟没有谁的人生是没有缺陷的，在这些风光的背后，别人看不到的是他没能实现的梦想给他留下的遗憾，只是，光荣也好，遗憾也罢，都随着他的离开烟消云散，所有关于巴鲁克的一切，都停留在1965年6月20日这一天。

人们将永远记得巴鲁克，风险投资界的传奇，以他独特的人格魅力和聪明才智雄霸华尔街、华盛顿、美利坚乃至全世界，备受各界人士的尊重和爱戴。他的离去也无法带走人们对他的认可和崇敬，而他的传奇故事还将会被人们代代相传。

附录

巴鲁克生平

巴鲁克1870年生于南卡罗来纳州，于纽约市立大学毕业。初入华尔街的时候，他在纽约的一家小经纪行中干些打杂的活儿，周薪3美元。通过不断努力，被迅速提升为公司的合伙人后，他倾其所有，购得纽约证券交易所的一个席位，不出30岁便成了百万富翁。

此后的几年里巴鲁克几度濒临破产，却成功地东山再起。到了1910年，他已经和摩根等一道成为华尔街屈指可数的大亨了。

早年的巴鲁克做的是伦敦和纽约市场之间的套利。由于当时战事频繁，巴鲁克利用战争间隙股票市场的波动来赚取利益，这不但锻炼了巴鲁克的判断力和反应能力，同时也显示出他极强的预见性和有勇有谋的个性。

巴鲁克成名华尔街后便极少做套利了，其投资风格变得谨慎而稳健。他认为，在华尔街赚到每一笔钱都是不容易的，即便你今天还是一个百万富翁，明天可能就会倾家荡产。所以，他的一生总是严格地遵守着他自己总结出的十大投资原则：不投机、谨慎对待内部消息、对投资的股票事先做仔细调查、不企图抄底买入、懂得止损、不要买入过多股票、定期对投资的股票做评估、研究自己的纳税情况、永远不将所有的资金投出去、坚持在自己最熟悉的领域投资。正是因为巴鲁克始终恪守这些原则，他成为了20世纪华尔街为数不多的既赚了钱又守住钱的金融大亨。

正当巴鲁克在股票市场上呼风唤雨之际，第一次世界大战使他一步跨入了美国政坛。一战期间，他是威尔逊总统的"智囊"，被任命为国家防务理事会顾问委员，并亲自开创了国家战时的管理体制。二战时期巴鲁克又成了罗斯福智囊团的重要成员，他提出的一系列经济建议均被罗斯福政府采纳，成为促进美国经济恢复的重要政策。二战后，巴鲁克受杜鲁门总统之命，参与联合国原子能理事会，在国际事务中发挥了相当重要的作用。

当然，巴鲁克人生中最精彩的一页，也是最能证明巴鲁克实力的，莫过于他能够在1929年大危机到来前夕顺利逃顶，人们因此称他为"在股市大崩溃前抛出的人"。美国20世纪30年代的股市崩塌对全世界投资者的震撼是难以磨灭的，连投资大师格雷厄姆也曾在大萧条中惨遭灭顶之灾，但是巴鲁克全身而退，为此他对群体的盲动有了更深切的体会。巴鲁克认识到，作为有独立思考能力的个人，人们通常是明智而富有理性的；但当大家成群结队、情绪相互影响时，就全变成了一伙笨蛋，不是在股市上涨时过于兴奋，就是在它下跌时又过于沮丧。于是，巴鲁克的"群众（指一般小投资人）永远是错的"这一投资要义成为了投资界的永恒经典。

巴鲁克的一生性格多变，行为不定，他的个人观点如同波云诡谲的股市，随时都会改变，故其名声总带有传奇色彩。

1965年，巴鲁克以95岁的高龄离开人世，可谓福寿双全。

纵观巴鲁克的一生，他既是一位颇具传奇色彩的股票交易商，一位大众瞩目的投资家，一位通晓商业风险的资本家，也是一位曾经征服了华盛顿的著名的、受人敬慕的政治人物。他既钟情股市，又热衷政治，固被人们冠以"总统顾问"、"公园长椅政治家"、"在股市大崩溃前抛出的人"等美名。

巴鲁克年表

1870年8月19日，巴鲁克生于坐落在美国南卡罗来纳州中北部的小城坎登。

1880年，父亲西蒙·巴鲁克卖掉了诊所、房子及房后他的那块小"农场"，带着他的一家和所有的积蓄离开了他们生活了十多年的坎登，去往纽约。

1884年，从公立69中学毕业，进入纽约市立大学。

1889年，巴鲁克从纽约市立大学毕业，开始面临工作问题。经过一番心理斗争，他进入了泰特姆先生的公司，开始了自己的第一份工作，在那里当学徒，周薪只有3美元。

同年，巴鲁克迎来自己的第二份工作，开始接触投资。他以学徒的身份来到科恩先生身边工作，最初是没有薪水的，只有当学徒期满的时候，才能领薪水。

1890年，他跟随父亲去欧洲探亲，回纽约后辞去工作。

1891年，迎来第三份工作，在阿瑟·豪斯曼的公司中做兼职办事员、校对员和办公室勤杂工，后来又做了记账员。巴鲁克认为这份工作是他华尔街生涯的起步。

1896年，从豪斯曼公司的一名普通员工成为了一名合伙人。

1897年的春天，买入100股美国炼糖公司股票，获得6万美元的收入。

1897年10月2日，与安妮·格里芬举行了结婚仪式。

1898年，买进美国酿酒公司的股票，判断失误。

1898年，美西战争爆发了，美国与西班牙的战事发展，直接关系着华尔街的股市。巴鲁克与公司的伙伴们抓住了良机，购买股票的订单像雪片般地飞来。

1899年8月，巴鲁克和安妮的第一个孩子贝尔出生了。

1899年，通过袭扰大陆烟草公司股票，巴鲁克的操盘行动得到了莱恩的青睐。

1901年，卖空联合铜业股票，赚到了70万美元。

1901年，巴鲁克相中了一家铁路公司的股票，但经营铁路的梦想没有实现。

1903年，获得一个可靠的内幕消息，北方太平洋铁路公司的股票迅速增长，巴鲁克获利。

1903年，巴鲁克自立门户。他将新组建公司的办公地点设置在百老汇111号。

1905年1月，作为公司股票的持有者之一，巴鲁克代表美国冶铁公司也就是古根海姆家族，谈判收购两家西海岸冶金公司，开始了他作为古根海姆家族代理人的角色。

1905年下半年，巴鲁克想在橡胶业大展拳脚，但处处遭遇难关。

1910年，在墨西哥大革命开始之前抛出了手中持有的全部股票。

1911年到1912年之间，巴鲁克再次向铁路业发起进攻，与儿时的梦想第二次擦肩而过。

1912年，巴鲁克在对自己非常有利的条件下签署了一项购买海湾硫磺矿开采公司的协议，一年后他成为了这家公司的第三大股东。

1914年，任国防理事会顾问委员会下属的原材料与矿物委员会委员。

1916年，卷入泄密事件。

1917年1月9日，第一次国会听证。

1917年7月，巴鲁克提议建立的供应部门——战时工业委员会正式成立。

1918年3月，被正式任命为战时工业委员会的主席。

1919年元旦，巴鲁克乘着乔治·华盛顿号汽轮远赴巴黎，开始了他的外交之旅。

1919年5月22日，巴鲁克在里茨饭店举行了一场盛大的晚宴。

1919年6月28日，前往凡尔赛宫参加条约的签订仪式。

1920年夏天，对农业燃起热情。

1920年9月，《和约中赔款及其他经济部分的形成经过》一书面世。

1924年，巴鲁克支持威尔逊总统的女婿威廉·C·麦克阿杜竞选民主党总统候选人提名。

1927年，抛空通用的股票。

1929年，在大股灾中全身而退，故此得名"在股市大崩溃前抛出的人"。

1932年1月起，开始购买黄金。

1932年，股市出现了转机，道·琼斯指数开始升高，巴鲁克认为这是入市的好时机，于是他又开始了一系列的交易。

1935年的时候，声讨希特勒是"世界安全最大的威胁"。

1937年，当罗斯福夫人产生了援建一所学校的想法时，巴鲁克与他的弟弟赫尔曼当即表示把所有的费用全部承担下来。

1938年，自愿为赴西班牙帮共产党人同弗朗哥作战的美国人所组成的亚伯拉罕·林肯旅捐款111606美元。

1938年，巴鲁克的妻子因肺炎去世。

1939年，巴鲁克接受手术。

1939年8月1日，罗斯福和巴鲁克商定成立的战时资源委员会宣告开始运作，它的主要职责就是巴鲁克二十多年来反复强调的战争动员问题。

1941年，巴鲁克提议的新战时生产机构诞生。可是罗斯福没有让巴鲁克担任这个机构的领导人，也踢开了巴鲁克提名的任何一个人。

1942年8月6日，巴鲁克正式出任"橡胶委员会主席"一职。

1943年，巴鲁克与汉考克一起考察了西海岸的劳动力市场状况。

1944年的夏天，他一个人在长岛度假，时常感到孤独。

1945年初，巴鲁克在医生、护士和公关人员的陪同下，飞赴伦敦代表美国同英国政府举行了一次会谈。

1945年4月，巴鲁克再一次登上了飞赴伦敦的班机，率领代表团去伦敦访问。

1946年2月，当霍普金斯的遗体被抬下圣巴多罗马教堂前的台阶时，巴鲁克获得了参加抬棺这一殊荣。

1946年3月16日，美国总统杜鲁门与国务卿在进行了一番长时间的协商后，作出了一项高级任命。

1946年7月14日，联合国原子能委员会首次会议开幕。

1947年1月4日，在美国的原子能政策根本无法得到苏联认可的情况下，巴鲁克辞去了美国驻联合国原子能委员会代表的职务。

1957年，巴鲁克的自传《我自己的故事》第一卷出版。

1965年6月20日，走到了生命的尽头。